农村林业知识读本

林农法律维权实用手册

国家林业局农村林业改革发展司　编

知识产权出版社

全国百佳图书出版单位

图书在版编目（CIP）数据

林农法律维权实用手册 / 国家林业局农村林业改革发展司编.—北京：知识产权出版社，2018.1
（农村林业知识读本）

ISBN 978-7-5130-5309-9

Ⅰ.①林… Ⅱ.①国… Ⅲ.①森林法—研究—中国 Ⅳ.①D922.634

中国版本图书馆CIP数据核字（2017）第298144号

责任编辑：石陇辉　　　责任校对：谷　洋
责任设计：睿思视界　　　责任出版：刘译文

农村林业知识读本

林农法律维权实用手册

国家林业局农村林业改革发展司　编

出版发行：知识产权出版社有限责任公司	网　　址：http://www.ipph.cn
社　　址：北京市海淀区气象路50号院	邮　　编：100081
责编电话：010-82000860 转 8175	责编邮箱：shilonghui@cnipr.com
发行电话：010-82000860 转 8101	发行传真：010-82000893/82005070/82000270
印　　刷：三河市国英印务有限公司	经　　销：各大网上书店、新华书店及相关专业书店
开　　本：787mm×1092mm 1/16	印　　张：9.75
版　　次：2018年1月第1版	印　　次：2018年1月第1次印刷
字　　数：220千字	定　　价：40.00元

ISBN 978-7-5130-5309-9

中国 13.7 亿人口中，目前还有 6 亿多农民，不懂农民就是不懂中国。我国山区面积占国土面积的 69%，山区人口占全国人口的 56%，在全国 2100 多个县市中，有 1500 多个在山区。全面建成小康社会，重点难点在农民。农民是重要的农业生产经营者，也是林业生产经营活动的重要主体。林地是农村宝贵的资源，是农民重要的生产资料。我国有 45.6 亿亩林地，其中集体林地 27.37 亿亩，占全国林地总面积的 60%。

据国家林业局测算，我国农村集体林业资源总经济价值达 2 万亿元以上，其中经济林和竹林占 90% 以上，在中国林业发展中占有重要地位。习近平总书记于 2014 年 4 月 4 日在参加首都义务植树时深刻指出，"林业建设是事关经济社会可持续发展的根本性问题"。大力发展林业，加强生态建设，事关经济社会可持续发展，事关全面建设小康社会目标的实现，事关建设生态文明。

2015 年 1 月 28 日，国务院总理李克强在国家林业局工作汇报件上作出重要批示，充分肯定了林业系统积极推进林业改革。李克强总理指出，林业是重要的生态资源，也是不可替代的绿色财富。实行集体林权制度改革，赋权予民，给予农民更广泛的林业生产经营自主权，对于促进集体林区林业经济发展，对于加速林业现代化进程，破解"三农"难题，推进社会主义新农村建设，实现经济社会全面协调可持续发展，具有十分重大的意义。随着我国全面推进和深化集体林权制度改革，至 2016 年我国共发放林权证 1.01 亿本，约 5 亿农民获得了集体林地承包经营权。

如何更好地服务于约 5 亿农民的林业生产经营活动，国家林业局农村林业改革发展司特面向林农组织编写了这套"农民林业知识读本"系列丛书，丛书共包括 5 本实用手册，即《林业政策问答手册》《林农法律维权实用手册》《林业实用技术手册》《林农致富实用手册》和《林业社会化服务手册》。

本系列手册旨在促进农民对林业政策知识的系统了解，提升农民的林业法律意识和维权能力，推动农民掌握和运用系列林业实用技术，提高林农的创新意识、创业能力和致富素养，充分认知和合理运用林业社会化服务平台，最终提升农民林业生产经营水平和经营效率。

本系列丛书作为普及性读物，定位为服务于农民，注重系统性、可读性和实用性，力求语言简洁通俗易懂、内容简单易行。

希望本系列丛书能成为农民朋友们的助手和参谋，切实助力于农民的林业经营水平提高，助益于农民的脱贫致富。

前 言

进入 21 世纪以来，我国林权制度改革进入全面可持续发展阶段，多元权利主体博弈过程中，林农法律权益保障不足的问题日益凸显。造成林农权益屡屡受损的原因除了当前法律和维权机制不健全外，还在于林农未能充分合理地运用当前的法律与维权机制。随着维权意识日益增加，林农有了深入了解林业相关法律法规和维权流程的诉求。《林农法律维权手册》的出现解决了林农在维权过程中遇到的各种问题，同时介绍了基本的法律法规和维权机制，便于随时学习和翻阅。

本书共分为 8 章。第 1 章为林业法律基础知识，简述了林业法律法规的概念、特点、制定、实施，以及林业法律关系和林权问题等相关内容。第 2 章介绍了林业法律制度体系，简要介绍了我国立法的体制和各种林业法律法规制度。第 3 章主要对林农常见的林业法律问题进行解答，覆盖了森林法、林权、森林经营管理、林地征用、林地采伐、木材运输、森林保护等方面。第 4 ～ 6 章详细介绍了林农维权的具体办法：第 4 章主要是林农法律维权体系，第五章是主要林业法律事务办理程序，第 6 章是主要林业法律机构。第 7 章是林农维权的典型案例，为林农维权提供了学习和参考。最后一章附上了目前林农相关的主要法律法规概况。

本书具有如下特点：一是体系完善，从法律基础知识、法律常见问题、林农维权流程到案例全方位讲解，覆盖了林业法律维权的重点内容；二是实用性和灵活性强，既可以作为法律读本为林农提高自身综合素质进行"充电"，又可以供林农在遇到法律和维权问题时翻阅参考；三是趣味性强，更加吸引林农了解相关法律知识，结合通俗的语言和生动的案例来帮助林农学习如何进行法律维权。

本书在编写过程中，收集、查阅并参考了大量前人的相关研究成果，在此向所有前辈和广大同仁致以诚挚的敬意和谢意！

由于时间仓促，编者能力有限，书中难免有错漏谬误之处，请批评指正！

目　录

第 1 章　林业法律基础知识

第 1 章　林业法律基础知识

1.1 林业法律法规简述

1.1.1 林业法律法规的概念

对于林业法律法规的定义通俗来讲就是国家立法机关和相关行政部门制定的为了保护、培育和合理利用林业资源，加快国土绿化，改善环境和提供林业相关产品以及适应社会主义建设和人民生活的需要，保护人民利益等而特别制定的林业方面的相应的法律法规。林业法规则是林业方面的法律、法规、行政规章和地方性法规的统称。林业法律法规广义上是指由国家权力机关、国家行政机关以及地方机关制定和颁布、适用于林业各项活动领域的法律、行政法规、地方性法规以及政府规章等法律规范的总称。

林业法律法规的任务就是保障我国林业发展基本目标的实现，为国家规范和促进林业经济持续、稳定、协调发展提供法律保障。具体地说，林业法规的主要任务就是通过管好现有林，扩大新造林，抓好退耕还林，优化林业结构，增加森林资源，增强森林生态系统的整体功能，增加林产品有效供给，增加林业职工和农民收入。力争到 2050 年，使森林覆盖率达到并稳定在 26% 以上，基本实现山川秀美，生态状况步入良性循环，林产品供需矛盾得到缓解，建成比较完备的森林生态体系和比较发达的林业产业体系。

实现上述目标，必须努力加快林业法律法规建设、依法治林，早日实现林业现代化的宏伟目标。

1.1.2 林业法律法规的特点

林业法律法规作为国家法律体系的一部分，除具有一般法律法规的特征外，与其他法律法规相比较，还具有自己的一些特征。

林业法律法规的调整对象是特定的林业经济关系，是林业经济领域的各项经济活动。林业法律法规是为了实现党和国家的林业经济政策，针对林业经济领域中的一定的经济现象、经济关系和经济问题而制定的。林业法律法规的实施，也直接关系到国家和广大林业职工及林农的经济利益。

林业是国民经济的重要部门，林业发展受到多种因素的综合影响，随着林业经济体制改革和林业经济的不断发展，林业各种经济关系越来越复杂。同时，林区与城镇和农村之间、林业与其他国民经济部门之间的联系越来越密切。所以，林业法律法规的调整范围、调整对象和调整方法都具有突出的综合性特点。

林业是一项重要的公益事业和基础产业，承担着生态建设和林产品供给的重要任务。林业兼有生态、社会、经济三大效益，经济社会关系复杂，与其他法律相比较，林业法律法规具有很大的兼顾性特点。

林业经济体制改革以来，我国制定和颁布了包括《森林法》在内的一系列林业法律法规，保障了林业经济的健康发展。森林资源的培育、管护和利用逐渐形成较为完整的组织、法制和工作体系。现代林业经济的发展迫切需要更加科学完善的林业经济法律法规体系。

1.1.3 林业法律法规的制定与实施

1.林业法律法规的制定

林业法律法规的制定又称林业立法，包括国家立法机关制定的法规；国务院制定的有关行政法规；国务院有关部委制定的部门规章；省、自治区、直辖市制定的有关林业和林业地方性法规和地方政府规章。

林业法律法规的表现形式上有法律、行政法规、地方性法规、行政规章等，由于法规的效力等级上存在差异，因此制定的程序也存在很大差异。以《森林法》为例，法律法规制定的程序为：① 法律制定的准备阶段，准备阶段是从提出立法建议到形成规范性文件草案的过程；② 法律制定的确定阶段，确定阶段是立法机关根据法定程序对法律草案进行审议、讨论，进行修改补充，最后予以通过、颁布的过程。

2.林业法律法规的实施

林业法律法规的实施是指国家有关执法机关及工作人员、各级人民政府、基层组织及经济单位、公民等贯彻执行一系列法律法规的过程。为了更好地"以法促林，依法护林，依法治林"，加强林业行政执法显得尤为重要。

大力加强林业法制建设。加快林业立法工作，抓紧制定天然林保护、湿地保护、国有森林资源经营管理、森林林木和林地使用权流转、林业建设资金使用管理、林业工程质量监管、林业重点工程建设等方面的法律法规，并根据新情况对现有法律法规进行修订。加大林业执法力度，严格森林和野生动植物资源保护管理，严厉打击乱砍滥伐林木、乱垦滥占林地、乱捕滥猎野生动物等违法犯罪行为，严禁随意采挖野生植物。加强林业执法监管体系，充实执法监督力量，改善执法监督条件，提高执法监督队伍素质。加强林业法制教育和生态道德教育，为执法人员依法办事创造良好的社会氛围和执法环境。

1.1.4 林业法律法规与林业政策的区别

林业政策的概念是党和国家以及国家各级林业主管部门为实现一定时期的林业发展目标而规定的一系列行动准则和策略。林业法律法规与林业政策的区别在于：① 创制机关不同；② 表现形式不同；③ 实施手段不同；④ 稳定性不同。如表 1.1 所示。

表1.1 林业法律法规与林业政策的区别

区别点	林业法律法规	林业政策
制定主体	具有立法权力的国家机关	党的组织和国家机关
表现形式	特定的规范性文件的表现形式	党的会议决议，党和政府的决定、指示、意见、通知等
实施方式	① 依靠国家强制力保证实施；② 对一般违法行为给予行政制裁或者民事制裁，对严重违法行为给予刑事制裁	① 通过宣传、号召、动员和说服教育等方式实施；② 对违反者给予批评教育或者纪律处分
内容的广泛性	调整的范围不及林业政策广泛，一些林业政策的内容还未成为林业法规的规定	内容更为广泛，林业法规所调整的社会关系都在林业政策调整的范围内

1.2 林业法律关系的概念和构成

1.2.1 林业法律关系的概念

林业法律关系是林业法调整的，人们在保护、培育和合理利用森林资源的社会活动中所形成的社会关系，如所有权、使用权等。

林业法律关系的基本特征是：① 林业法律关系的产生以林业法律规范为前提；② 林业法律关系以权利和义务为核心；③ 林业法律关系的实现以国家强制力作为保证。

1.2.2 林业法律关系的构成

林业法律关系由主体、客体和内容三个要素构成。

1）主体：在具体林业法律关系中依法享有权利和承担义务的公民、法人或其他组织，必须具有权利能力（依法享有）和行为能力（从年龄来区别）。

2）内容：法律权利和法律义务。

3）客体：权利和义务所指向的对象，包括物、行为、智力成果和特定的精神利益。

1.3 林权问题

1.3.1 林权的概念

　　根据《森林法》及其实施条例、《林木和林地权属登记管理办法》等林业规范性法律文件的规定，林权是指森林、林木和林地的所有权或者使用权。根据《中华人民共和国农村土地承包法》的规定，林地承包经营权也是林权的一种形式。基于上述内容，可以把林权定义为：林权即林业产权，包括森林、林木和林地所有权、森林、林木和林地使用权和林地承包经营权等财产性权利。林权具有以下特点：① 林权是从集体林地所有权和国有林地所有权派生出来的物权，是限制物权。它不包括林地所有权，林地的所有权主体只能是国家或集体；② 林权是一种特殊的物权，具有自物权和他物权的属性，林权包括森林林木所有权、森林林木使用权和林地使用权；③ 林权是一种用益物权，其设定目的是最大限度地发挥林地的效用；④ 林权是一种不动产物权，其中集体林地使用权和林木所有权通过家庭承包、均股或均利等方式取得，其公示方法为登记。

　　根据现行林业规范性法律文件的规定，林权作为一种财产性权利，其权利主体具有广泛性，既可以是国家、集体，也可以是自然人、法人或者其他组织。林权的客体即林权所指向的对象是森林、林木和林地。根据《森林法实施条例》和规定：森林包括乔木林和竹林；林木包括树木和竹子；林地包括郁闭度 0.2 以上的乔木林地以及竹林地灌木林地、疏林地、采伐迹地、火烧迹地、未成林造林地、苗圃地和县级以上人民政府规划的宜林地。《森林法》第四条规定："森林分为以下五类：（一）防护林：以防护为主要目的的森林、林木和灌木丛，包括水源涵养林、水土保持林、防风固沙林、农田、牧场防护林、护岸林、护路林；（二）用材林：以生产木材为主要目的的森林和林木，包括以生产竹材为主要目的的竹林；（三）经济林：以生产果品，食用油料、饮料、调料，工业原料和药材等为主要目的的林木；（四）薪炭林：以生产燃料为主要目的的林木；（五）特种用途林：以国防、环境保护、科学实验等为主要目的的森林和林木，包括国防林、实验林、母树林、环境保护林、风景林，名胜古迹和革命纪念地的林木，自然保护区的森林。"林权的内容由于林权类型的不同而表现出较大的差异。

　　林权在实践中有三种理解：一是指森林、林木的所有权，不包括林地的权属；二是森林、林木和林地的所有权，不包括使用权；三是指森林、林木和林地的所有权和使用权。根据我国《森林法》的规定以及我国林业发展的实践，第三种理解是比较适合实际，现在就是这个意义上使用林权这一概念。

1.3.2 林权体系构成

　　林权是一个包括了所有权、用益物权和担保物权在内的一个涉林的物权体系。《物权法》

的颁布实施，林权被进一步合理限定为林业物权。《物权法》意义上的林权，是指权利人依法对林权证上记载的林地、林木享有直接支配和排他的权利，包括林地所有权、林地使用权、林木所有权、林木使用权，也包括在林地和林木上设立的其他物权形式，例如在承包的林地上设立的地役权、在林地林木上设立的抵押权等。林权是财产权利，具有直接支配性、排他性、受益性、优先性等一般物权的特征，同时林权权利人在行使权利时要受到生态公益的诸多限制，即在享有森林资源经济利益的同时还要担负起保护生态环境的义务，例如不得改变林地用途、及时更新造林等。

集体林权制度改革涉及《物权法》《农村土地承包法》《土地管理法》《森林法》等法律中所确立的森林、林木和林地有关的物权制度，主要包括林地所有权、林地使用权、林地承包经营权、林木所有权、林木使用权、林地地役权和林地林木抵押权等，这些物权制度构成了集体林权制度改革的物权制度体系。

1.3.3 林权的法律属性

林权在法律性质应属于物权。根据物权法理论、所有权、使用权和土地承包经营权都属于物权，当然由森林、林木和林地所有权，森林、林木和林地使用权以及林地承包经营权等财产性权利构成的林权也属于物权了。但由于物权分为自物权和他物权，他物权又被分为用益物权和担保物权，因此不同类型的林权在同为物权的前提下，法律性质也不尽相同。森林、林木和林地所有权属于物权中的自物权，即所有人在自己的物上享有的权利，是最为完整和充分的物权。森林、林木和林地使用权属于物权中的用益物权，即以物的使用收益为目的的权利。对于林地承包经营权，尽力让法律对其保护既有物权方法，又有不影响林地承包经营权的物权性质。

1.3.4 林地承包经营权权能

根据《物权法》第一百一十七、一百一十八、一百二十五条，林地承包经营权的内容主要表现为土地承包经营权人依法对其承包经营的林地享有占有、使用和收益的权利，有权从事林业等农业生产。

1.占有

在物权法中，占有是特定主体对特定物进行支配和管领的客观事实，作为林地承包经营权内容的占有同样如此。据此，林地承包经营权人可以占领和控制林地，并排除他人的非法进入。为了达到这个目的，权利人可以在合法的限度内，采用设置篱笆、设置岗哨、安装监控设备等措施。

2.使用

所谓使用，即权利人对林地加以事实上的利用，以实现林地的使用价值。根据《农村土地承包法》第十七条，权利人在使用林地时，要维持土地的农业用途，不得用于非农建设；要依法保护和合理利用土地，不得给土地造成永久性损害；要遵循法律、行政法规规定的其他义务。在实践中，权利人可以为林业发展而合理挖掘或者开垦林地，种植林木以及其他植物，利用林地、林木驯养繁殖野生动物或者饲养繁殖家畜，并对森林景观进行开发利用。

3.收益

所谓收益，即权利人可以享有因为使用林地、林木等所产生的利益或者林地、林木等产生的天然孳息，包括取得林木的所有权、取得林木之天然孳息的所有权、依法采集野生植物并取得其所有权、依法取得驯养繁殖的野生动物以及饲养繁殖的家畜的所有权、依法捕猎野生动物并取得其所有权。在符合法律规定的条件下，权利人有权捕猎野生动物并取得其所有权。

4.处分

在此所谓的处分，即权利人在法律意义上处置林地承包经营权，对该权利进行转包、转让、互换、赠予、出租、入股、抵押等，即通常所谓的林权流转。林地承包经营权的上述处分形态要由《合同法》《担保法》《物权法》《农村土地承包法》《公司法》等综合调整。

1.3.5 林地林木抵押权

担保物权包括抵押权、质权和留置权。集体林权制度改革涉及的担保物权，主要是抵押权。抵押权是指债权人对于债务人或者第三人不转移占有而供作债务履行担保的财产，在债务人不履行债务时，予以变价并就其价款优先受偿的权利。《物权法》第一百七十九条规定，为担保债务的履行，债务人或者第三人不转移财产的占有，将该财产抵押给债权人的，债务人不履行到期债务或者发生当事人约定的实现抵押权的情形，债权人有权就该财产优先受偿。债务人或者第三人为抵押人，债权人为抵押权人，提供担保的财产为抵押财产。

1.3.6 林权证

根据《森林法》的有关规定，国家依法实行森林、林木和林地登记发证制度，依法登记的森林、林木和林地的所有权、使用权受法律保护，任何单位和个人不得侵犯，这即是林权证的意义。

林权证是森林、林木和林地所有权或使用权的法律凭证。

第 2 章　林业法律制度体系

第2章 林业法律制度体系

2.1 立法体制

2.1.1 立法的主体

立法的主体有：全国人民代表大会及其常务委员会；国务院及国务院部门；省、自治区、直辖市和较大的市的人民代表大会及其常务委员会；省、自治区、直辖市和较大的市的人民政府；民族自治地方人民代表大会及其常务委员会；特别行政区。

1.我国法的表现形式

我国法的表现形式如表2.1所示。

表2.1 我国法的表现形式

宪法	
法律	
行政法规	
地方性法规	省、自治区、直辖市法规
	较大的市法规
行政规章	部门规章
	省级政府规章
	较大的市政府规章
民族自治地方的自治条例和单行条例	
立法解释和具体应用解释（后者包括司法解释和行政解释）	

2.我国法的制定机关、表现形式和适用范围

我国法的制定机关、表现形式和适用范围如表2.2所示。

表 2.2　我国法的制定机关、表现形式和适用范围

法的名称	制定机关	具体表现形式	适用范围
宪法	全国人民代表大会	中华人民共和国宪法	全国
法律	全国人民代表大会、全国人民代表大会常务委员会	法、决议、决定	全国
行政法规	国务院	条例、办法	全国
地方性法规	省（区、市）和较大的市的人民代表大会及其常务委员会	条例、办法	制定机关行政区域内
自治条例单行条例	民族自治地方的人民代表大会	条例	制定机关行政区域内
部门规章	国务院所属部门	规定、办法、实施办法、规则	制定机关全国本部门范围内
地方政府规章	省、自治区、直辖市和较大的市的人民政府	规定、办法、实施办法、规则	制定机关行政区域内
立法解释	全国人民代表大会常务委员会	关于……法第……条的解释	全国
司法解释	最高人民法院、最高人民检察院	关于审理……案件……的解释	全国
行政解释	国务院及其所属部门	答复、函	全国

注　在香港、澳门特别行政区实施的全国性法律有：①《关于中华人民共和国国都、纪年、国歌、国旗的决议》；②《关于中华人民共和国国庆日的决议》；③《中央人民政府公布中华人民共和国国徽的命令》（附国徽图案、说明、使用办法）；④《中华人民共和国政府关于领海的声明》；⑤《中华人民共和国国籍法》；⑥《中华人民共和国外交特权与豁免条例》。

2.1.2 林业法规的具体表现形式

1.单行林业法律

调整在林业生产和生态环境建设中保护、培育和合理利用森林资源而形成的各种社会关系的法律，如表 2.3 所示。

表 2.3　单行林业法律

制定机关	全国人民代表大会常务委员会
具体表现形式	法，决议，决定
适用范围	在全国范围内有普遍约束力
效力地位	低于宪法，高于行政法规、地方性法规、规章
现行林业法律	《森林法》（1984年通过，1998年修改）、《野生动物保护法》（1988年通过）、《种子法》（2000年通过）、《防沙治沙法》（2001年通过）、《农村土地承包法》（2002年通过）、《进出境动植物检疫法》（1991年通过）

2.林业行政法规

林业行政法规如表 2.4 所示。

表 2.4　林业行政法规

制定机关	国务院
具体表现形式	条例、办法
适用范围	在全国范围内有普遍约束力
效力地位	低于宪法和法律，高于地方性法规、规章
现行主要林业行政法规	《开展全民义务植树运动的实施办法》（1982年）、《森林和野生动物类型自然保护区管理办法》（1985年）、《陆生野生动物保护实施条例》（1992年）、《濒危野生植物进出口管理条例》（2006年）、《森林法实施条例》（2000年）、《野生植物保护条例》（1996年）、《森林防火条例》（1988年发布、2008年修改）《植物检疫条例》（1983年）、《森林病虫害防治条例》（1989年）、《退耕还林条例》（2002年）、《森林采伐更新管理办法》（1987年）、《自然保护区条例》（1994年）、《植物新品种保护条例》（1997年）、《城市绿化条例》（1992年）

3.林业地方性法规

林业地方性法规如表 2.5 所示。

表 2.5　林业地方性法规

制定机关	①省(自治区、直辖市)人民代表大会及其常务委员会 ②省(自治区)人民政府所在地城市、经济特区城市和经国务院批准的较大的市的人民代表大会及其常务委员会
具体表现形式	条例、办法
适用范围	在制定机关行政区域范围内有约束力
效力地位	低于宪法、法律和行政法规,高于本级和下级的地方政府规章
例如,广西壮族自治区现行林业地方性法规	《广西壮族自治区实施〈中华人民共和国森林法〉办法》(2006年)、《广西壮族自治区林木种苗管理条例》(2008 年)、《广西壮族自治区木材运输管理条例》(1997年)、《广西壮族自治区土地山林水利权属纠纷调解处理条例》(2002年)、《广西壮族自治区陆生野生动物保护管理规定》(1994年)、《广西壮族自治区森林和野生动物类型自然保护区管理条例》(1990年)、《广西壮族自治区农村能源建设与管理条例》

4. 林业部门规章

林业部门规章如表 2.6 所示。

表 2.6　林业部门规章

制定机关	国务院林业主管部门
具体表现形式	规定、办法、实施办法、规则
适用范围	在制定机关全国本部门范围内有约束力
效力地位	低于宪法、法律和行政法规
现行主要林业部门规章	《林业行政处罚程序规定》(1996年)、《林业行政执法监督办法》(1996年)、《林业行政处罚听证规则》(2002年)、《森林资源档案管理办法》(1985年)、《林业行政执法证件管理办法》(1997年)、《林业工作站管理办法》(2005年)、《林木林地权属争议处理办法》(1996年)《林木种质资源管理办法》(2007年)、《林木和林地权属登记管理办法》(2001年)、《林木种子质量管理办法》(2006年)、《占用征用林地审核审批管理办法》(2001年)《主要林木品种审定办法》(2003年)、《突发林业有害生物事件处置办法》(2005年)《林木种子生产经营档案管理办法》(2008年)、《林木种子生产经营许可证管理办法》(2002年)

5. 林业地方政府规章

林业地方政府规章如表 2.7 所示。

表2.7　林业地方政府规章

制定机关	①省（自治区、直辖市）人民政府 ②省（自治区）人民政府所在地城市、经济特区城市和经国务院批准的较大的市的人民政府
具体表现形式	规定、办法、实施办法、规则
适用范围	在制定机关本行政区域范围内有约束力
效力地位	低于宪法、法律、行政法规、本级地方性法规和上级政府规章，高于下级政府规章
例如，广西壮族自治区现行林业政府规章	《广西壮族自治区森林防火实施办法》（1989年）、《广西壮族自治区全民义务植树运动实施细则》（1982年）、《广西壮族自治区实施〈森林病虫害防治条例〉若干规定》（1997年）、《广西壮族自治区树苑树木采挖流通管理规定》（2002年）、《广西壮族自治区山口红树林生态自然保护区管理办法》（1994年）、《广西壮族自治区实施〈城市绿化条例〉办法》（1997年）

6. 民族自治地方的林业单行条例

单行条例是少数民族自治地方（区、州、县）的人民代表大会依照当地民族的政治、经济和文化的特点制定的调整本自治地方某方面事务的单项规范性文件，如表2.8所示。

表2.8　民族自治地方的林业单行条例

制定机关	少数民族自治区（州、县）的人民代表大会
适用范围	在制定机关本级行政辖区范围内有约束力
自治区人大常委会批准的林业单行条例（示例）	《龙胜各族自治县森林资源管理条例》（1997年）、《恭城瑶族自治县森林资源管理条例》（1997年）、《金秀瑶族自治县森林资源管理条例》（2000年）、《隆林各族自治县执行〈中华人民共和国森林法〉的补充规定》（2001年）、《金秀瑶族自治县野生植物保护条例》（2003年）、《三江侗族自治县实施〈中华人民共和国森林法〉的补充规定》（2006年）

7.林业的立法解释和具体应用解释

（1）立法解释

全国人民代表大会常务委员会根据法律的执行情况和遇到的问题，对法律有关规定的含义所作的说明和阐述，具有与法律同等的效力。立法解释如表2.9所示。

表 2.9　立法解释

制定机关	全国人民代表大会常务委员会
具体表现形式	全国人民代表大会常务委员会关于……法第……条的解释
适用范围	全国
效力地位	与法律同等

（2）司法解释

最高人民法院、最高人民检察院在应用法律过程中，对法律的有关规定的含义作出的说明和阐述。司法解释如表 2.10 所示。

表 2.10　司法解释

制定机关	最高人民法院、最高人民检察院
具体表现形式	解释、规定、批复、决定
适用范围	全国
效力地位	低于宪法和法律
林业方面的司法解释	《关于审理破坏森林资源刑事案件具体应用法律若干问题的解释》（2000年）、《关于审理破坏野生动物资源刑事案件具体应用法律若干问题的解释》（2000年）、《关于审理破坏林地资源刑事案件具体应用法律若干问题的解释》（2005年）、《关于审理破坏土地资源刑事案件具体应用法律若干问题的解释》（2000年）、《关于审理涉及农村土地承包纠纷案件适用法律问题的解释》（2005年）、《关于审理植物新品种纠纷案件若干问题的解释》（2000年）

（3）行政解释

国务院及其所属的工作部门在应用法律过程中，对法律有关规定的含义作出的说明和阐述。行政解释如表 2.11 所示。

表 2.11　行政解释

制定机关	国务院法制工作部门、国务院林业主管部门等
具体表现形式	答复、函
适用范围	全国
效力地位	低于宪法、法律、行政法规
林业方面的行政解释	《国务院法制办公室对〈关于如何理解中华人民共和国森林法实施条例有关规定的请示〉的答复》（2003 年）、《国家林业局关于如何适用〈森林法实施条例〉第四十一条第一款有关规定的函》（2003 年）、《国家林业局关于超强度采伐林木行为如何定性的复函》（2002 年）

2.1.3 法的适用规则

法的适用规则包括以下几个方面：

1）上位法的效力高于下位法。

2）同位法具有同等法律效力，在各自权限范围内实施。

3）特别法优于一般法。

4）新法优于旧法。

5）不溯及既往原则。

2.1.4 我国法的效力地位

我国法的效力地位示意如图 2.1 所示。

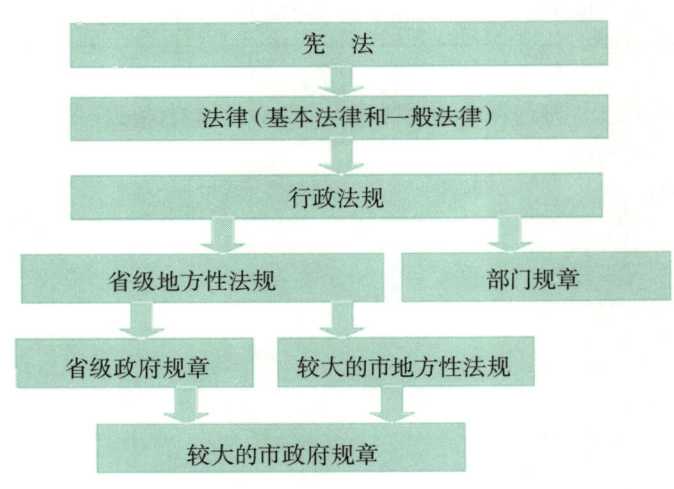

图 2.1　我国法的效力地位示意

2.2 林业相关各种法律法规简介

2.2.1 森林法

1. 森林法的简述

森林法是以保护、培育和合理利用森林资源，加快国土绿化，发挥森林涵养水源、保持水土、调节气候、改善环境和提供林产品的作用，适应社会主义建设和人民生活需要为目的，调整林业生产和生态环境建设领域内国家机关、企事业单位、其他组织相互之间以及它们与自然人之间的经济关系的法律规范的总称。

森林法有广义与狭义之分。广义的森林法泛指一切与森林资源有关的规范性文件，包括法律、行政法规、地方性法规、部门规章、地方政府规章、自治条例和单行条例等，广义的森林法通常亦称为林业法规。狭义的森林法是指由全国人民代表大会常务委员会通过的《中华人民共和国森林法》。一般情况下所说的森林法，是指狭义的森林法。

1984 年 9 月 20 日第六届全国人民代表大会常务委员会第七次会议通过《中华人民共和国森林法》，自 1985 年 1 月 1 日起施行。1998 年 4 月 29 日第九届全国人民代表大会常务委员会第二次会议通过《关于修改〈中华人民共和国森林法〉的决定》，自 1998 年 7 月 1 日起施行。

2. 森林法的适用范围

森林法适用范围是指其效力所及的范围，包括空间效力、对人的效力和时间效力。

第一，森林法的空间效力。法律的空间效力是指法律在地域上的适用范围。它与国家的领土概念密切相关。《森林法》第二条规定："在中华人民共和国领域内从事森林、林木的培育种植、采伐利用和森林、林木、林地的经营管理活动，都必须遵守本法。"中华人民共和国领域，是指中华人民共和国境内的全部领土，包括领陆、领水和领空。

另外，根据我国制定的《香港特别行政区基本法》和《澳门特别行政区基本法》的规定，除在基本法附件中特别规定在特别行政区适用的全国性法律外，其他法律不适用于特别行政区。因此，《森林法》在中华人民共和国领域内的适用范围，是除了中华人民共和国设立的特别行政区以外的中华人民共和国领土范围。

第二，森林法对人的效力。森林法是适用于在中华人民共和国领域内一切公民的普通法，具有普遍的约束力。同时，依据我国宪法关于"在中国境内的外国人必须遵守中华人民共和国法律"的规定，在我国境内的外国企业或外国人、无国籍人，除法律另有规定外，均应适用我国森林法。

第三，森林法的时间效力。法律的时间效力，是指法律的生效、失效的时间以及是否具有溯及力的问题。《森林法》第四十九条规定："本法自1985年1月1日起施行。"这就是森林法的生效时间。1998年4月29日第九届全国人民代表大会常务委员会第二次会议通过的《全国人民代表大会常务委员会关于修改〈中华人民共和国森林法〉的决定》自1998年7月1日起施行，这是新增和修改的内容的生效时间。森林法没有具体规定其失效时间。根据我国法律效力原则，现行的森林法在国家最高权力机关宣布其失效之前一直有效。

我国森林法不具有溯及力，在森林法施行以前发生的事件和行为，不适用森林法，而应按当时的有关法律规定处理。

3.森林法的基本原则

第一，稳定森林、林木、林地权属的原则。森林、林木、林地权属通常称为林权。林权是否稳定是关系到我国林业是否能够稳定、持续和快速发展的一个关键问题。森林法把稳定林权问题用法律规定固定起来,有利于林业的发展。只有依法维护国家、集体和个人的森林、林木、林地的所有权和使用权，才能调动广大人民群众造林、护林的积极性和有效地制止侵犯国家、集体和个人林权的行为。森林法关于林权登记发证制度、林木权属制度的规定，都是稳定林权原则的体现。

第二，依靠全体人民办林业的原则。依靠全体人民，实行全社会办林业，是从我国国情、林情出发，走有中国特色林业建设道路的根本选择。森林法关于保护林农和承包造林的单位、个人合法权益以及对在植树造林、保护森林、森林管理和林业科学研究方面取得显著成绩的单位、个人给予奖励的规定都体现了这一原则。

第三，以营林为基础、永续利用的原则。在林业生产和生态环境建设的工作中，必须把当前利益和长远利益结合起来，把经济效益、生态效益和社会效益结合起来，克服"重采伐轻营林"的经营思想，把整个林业工作建立在营林的基础上，使我国林业真正走上永续利用的良性循环轨道。森林法中关于林业建设方针、森林经营管理、植树造林、森林采伐等的规定，都是这一原则的体现。

第四，严格控制森林资源消耗的原则。由于森林对于国家建设、人民生活和维护自然生态平衡的重要性，以及森林的生长周期长、破坏容易恢复难的特点，加之我国是少林的国家，历史上森林资源破坏严重，所以，要改善我国的生态环境并使森林资源达到永续利用，必须严格地控制森林资源的消耗，有效地制止过度采伐和乱砍滥伐行为。森林法关于森林保护的规定，关于限额采伐、凭证采伐制度、用材林消耗量低于生长量的原则以及对不同林种采伐的规定等，都体现了这一原则。

第五，对林业给予经济扶持的原则。长期以来，我国对森林"取多予少"，忽视对林业生产和生态环境建设事业的投入。要真正保护森林资源和发展林业，不能"重取轻予"。国家和各级地方人民政府以及社会各方面，对林业给予经济扶持，加大对林业生态环境建设的投入，是十分重要的。森林法关于森林生态效益补偿基金和林业基金制度的规定体现了这一原则。

第六，依法治林的原则。我国是少林国家，而且森林资源破坏严重，生态环境脆弱，必须严格保护森林，依法从严治林。依法从严治林，就是在森林的营造、保护，林木的采伐、运输和林地等方面实行管严、管紧、管到位，并对破坏森林资源和林业生产管理秩序的违法犯罪行为给予坚决的打击，依法追究违法者的法律责任，真正做到"有法可依、有法必依、执法必严、违法必究。"森林法关于法律责任的规定体现了这一原则。

第七，保护林农、承包造林者和其他林业生产经营者合法权益的原则。保护农民的合法权益不受侵犯，是党和国家的一贯政策，也是我国法律坚持的原则之一。保护林农和承包造林的集体和个人的合法权益，直接关系到林农和承包造林的集体和个人的生产积极性，而且关系到森林资源保护及林业生产持续、稳定发展和国家长治久安。森林法关于禁止向林农违法收费、罚款、摊派和强制集资的规定体现了这一原则。

2.2.2 野生动物保护法律制度

1.野生动物保护的立法

野生动物保护法是指调整人们在野生动物的保护、管理和利用等活动中所产生的各种社会关系的法律规范的总称。一般地说，野生动物保护法是指国家最高立法机关依照法定程序制定的关于野生动物资源保护管理方面的专门法律，通常人们所说的野生动物保护法是指《中华人民共和国野生动物保护法》（以下简称《野生动物保护法》）。该法于 1988 年11 月 8 日第七届全国人民代表大会常务委员会第四次会议通过，根据 2004 年 8 月 28 日第十届全国人民代表大会常务委员会第十一次会议《关于修改〈中华人民共和国野生动物保护法〉的决定》第一次修正，后又根据 2009 年 8 月 27 日第十一届全国人民代表大会常务委员会第十次会议《关于修改部分法律的决定》第二次修正，并于 2016 年 7 月 2 日第十二届全国人民代表大会常务委员会第二十一次会议第三次修订。

从广义上说，野生动物保护法是指与野生动物保护、管理有关的法律规范的总称，通常称为野生动物保护法规。从历史上看，它散见于有关法律、行政法规、地方性法规、规章等各种规范性文件以及有关国际公约之中，成为专门野生动物保护法的法律渊源。例如，1979 年第五届全国人民代表大会通过的《中华人民共和国刑法》规定了非法狩猎破坏野生动物资源罪；1987 年发布的《关于坚决制止乱捕滥猎和倒卖走私珍稀野生动物的紧急通知》，是关于野生动物保护管理的专门性文件。1981 年我国加入的《濒危野生动植物种国家贸易公约》，是规范和协调各国野生动植物种及其衍生物进出口管理的国家公约。从发展角度来看，在专门的野生动物保护法公布施行后，有关法律、行政法规、规章以及规范性文件，都属于专门的野生动物保护法的配套性的法律规范，以保障专门的法律规定的各项制度能够有效地贯彻实施。由于我国的国情、立法条件等原因，我国制定的专门性法律往往比较原则，这就为以后制定行政法规、部门规章、地方性法规和地方政府规章等配套性的法律规范提供了依据和空间。例如，1992年3月1日国务院批准的《中华人民共和国陆生野生动物保护实施条例》，1988年12月10日国务院批准的《国家重点保护野生动物名录》，1991年1月9日原林业部发布的《国家重点保护野生动物驯养繁殖许可证管理办法》，1991年1月8日国务院《关于加强野生动物保护严厉打击违法犯罪活动的紧急通知》，2000年11月17日最高人民法院审判委员会第1141次会议通过、自2000年12月11日起施行的《关于审理破坏野生动物资源刑事案件具体应用法律若干问题的解释》等。这些规范性文件，对保护野生动物、规范野生动物保护管理活动中发生的各种社会关系具有重要的现实意义。

2. 野生动物保护法的保护范围

野生动物是指以森林、草原等自然环境为依托而生存的，未经人工驯化的动物的总称。通常，野生动物还包括用于科学研究、文化交流、展览等目的但未经驯化的动物。我国地域辽阔，野生动物种类繁多。据统计，我国现有脊椎动物6266种，其中兽类500种，鸟类1258种，爬行类412种，两栖类295种，鱼类3862种，约占世界脊椎动物种类的10%。大熊猫、金丝猴、华南虎、藏羚、褐马鸡、绿尾虹雉等均为我国特有的珍贵、濒危动物，也是世界闻名的野生动物。此外，还有已定名的昆虫约3000多种。对如此众多的野生动物种类，没有必要全部予以保护，只能根据我国经济社会发展状况，选择一些珍贵、濒危和有益的或者有重要经济、科学研究价值的野生动物进行保护，从而达到维护生态平衡的目的。

野生动物保护法的保护范围，是通过国家有关机关制定野生动物保护名录的形式来确定应当保护的野生动物的范围。根据《野生动物保护法》的规定，国家对野生动物实行分类分级保护，对珍贵、濒危的野生动物实行重点保护。国家重点保护的野生动物分为一级保护野生动物和二级保护野生动物。"国家重点保护野生动物名录"由国务院野生动物保护主管部门组织科学评估后制定，并每五年根据评估情况确定对名录进行调整，报国务院批准公布。地方重点保护野生动物，是指国家重点保护野生动物以外，由省、自治区、直辖市重点保护的野生动物。"地方重点保护野生动物名录"由省、自治区、直辖市人民政府组织科学评估后制定、调整并公布。有重要生态、科学、社会价值的陆生野生动物名录，由国务院野生动物保护主管部门组织科学评估后制定、调整并公布。

3. 野生动物保护管理的基本方针

《野生动物保护法》规定，野生动物资源属于国家所有。国家保障依法从事野生动物科学研究、人工繁育等保护及相关活动的组织和个人的合法权益。国家对野生动物实行保护优先、规范利用、严格监管的原则，鼓励开展野生动物科学研究，培育公民保护野生动物的意识，促进人与自然和谐发展。国家鼓励公民、法人和其他组织依法通过捐赠、资助、志愿服务等方式参与野生动物保护活动，支持野生动物保护公益事业。国家保护野生动物及其栖息地。县级以上人民政府应当制定野生动物及其栖息地相关保护规划和措施，并将野生动物保护经费纳入预算。任何组织和个人都有保护野生动物及其栖息地的义务。禁止违法猎捕野生动物、破坏野生动物栖息地。

2.2.3 防沙治沙法

1. 防沙治沙法的意义

第一，预防土地沙化。我国土地沙化形势仍然严峻。据统计数据，截至 2004 年底，全国荒漠化土地为 263.62 万平方公里，沙化土地面积为 173.97 万平方公里，与 1999 年相比，五年间全国荒漠化土地面积净减少 37924 平方公里，沙化土地面积净减少 6416 平方公里。土地荒漠化和沙化程度有所减轻，重、极重度荒漠化面积减少 24.59 万平方公里。荒漠化和沙化整体扩展的趋势得到初步遏制。但是，我国土地荒漠化和沙化状况仍然十分严重。土地沙化的危害后果严重：一是造成可利用土地资源减少，土地质量下降；二是破坏人类生存条件，缩小了人类生存空间；三是加深和扩大了当地贫困程度；四是土地一旦沙化，治理起来往往相当困难，或者治理的成本相当高昂。

坚持预防为主的原则，积极开展土地沙化的预防工作，千方百计不让非沙化土地变成沙化土地，尽量避免先土地沙化后才去治理，是同沙漠化做斗争的治本之策。

第二，治理沙化土地。所谓治理沙化土地，是指人们按照治沙规划，对已经沙化的土地因地制宜地采取人工造林种草、飞机播种造林种草、封沙育林育草和合理调配生态用水等措施，以恢复和增加植被的过程。

我国人口众多，且今后一定时期内我国人口增长的趋势还要持续，为了争取和扩大人们的生存空间，必须对沙化土地进行治理，使之成为对人类有益或者至少是无害的土地。

在一定的条件下，治理沙化土地也是一种预防土地沙化的积极措施。将已经沙化的土地治理合格后，对于毗邻的具有明显沙化趋势的土地必然是一种保护。

第三，维护生态安全。所谓生态安全，是指生态环境能否满足人们生存和发展的条件，能否保障经济和社会可持续发展的需要。维护生态安全，主要是保持土地、水源、天然林、地下矿产、动植物种质资源、大气等自然资源的保值增值和可持续利用，使生态环境能够有利于经济增长，有利于人民健康状况的改善和生活质量的提高，避免因自然资源衰竭、资源利用率下降、环境污染和退化给人类生活和生产造成的不利影响，以实现经济和社会的可持续发展。

2.防沙治沙法的效力

法的效力，是指法律在多大范围内有效。作为法的总则组成部分的法的效力，一般是指所制定之法对主体在什么空间范围内有效。法的空间效力包括对地域和事项两方面的效力。

《中华人民共和国防沙治沙法》（简称《防沙治沙法》）规定："在中华人民共和国境内，从事土地沙化的预防、沙化土地的治理和开发利用活动，必须遵守本法。"这里所说的"中华人民共和国境内"，是指的地域效力，即本法在中华人民共和国境内有效。在我国境外虽然也有风沙侵入我国的问题，但只能通过国家之间的协商和合作等办法解决，而不能适用本法。这里所说的"从事土地沙化的预防、沙化土地的治理和开发利用活动"，是指对事项的效力。也就是说，在中华人民共和国境内，所有从事土地沙化的预防活动（不论是沙区还是非沙区），所有治理沙化土地的活动，所有开发利用沙化土地的活动，都要遵守《防沙治沙法》的规定。

关于本法对主体的效力。法律对主体的效力包括对本国人和外国人两方面的效力，规定对主体的效力必须注意这两方面的完整性。在《防沙治沙法》的总则部分中，没有排除对外国人的效力，因此，不仅仅是中国人，而且包括外国人，凡在中华人民共和国境内"从事土地沙化的预防、沙化土地的治理和开发利用活动"，都要遵守本法。

3.防沙治沙法工作应当遵循的基本原则

第一，统一规划、因地制宜、分步实施、坚持区域防治与重点防治相结合。

第二，预防为主，防治结合，综合治理。预防为主，是指将土地沙化的预防作为防沙治沙工作的基础。防治结合，是指将预防土地沙化与治理沙化土地结合起来。综合治理，是相对于单一的治理手段而言的。

第三，保护和恢复植被与合理利用自然资源相结合。在现行的政策环境下，如果不加区分地对所有的沙化土地实行完全相同的植被保护和恢复工作，则在任何情况下都不能开发利用沙区的任何资源，这样做不但执法成本很高，也难以调动广大群众防沙治沙的积极性，难以得到广大人民的支持，治理工作也必然难以为继。因此，要采取必要的措施，实行不同情况不同对待的政策，将保护和恢复植被与合理利用自然资源结合起来。但必须强调，在沙区开发利用自然资源的前提是"合理"二字，因此，在开发利用的全过程中务必体现"预防为主"的原则。

第四，遵循生态规律，依靠科技进步。所谓遵循生态规律，是指在防沙治沙工作中，一定要充分考虑和尊重自然和生态演变的规律，以地球生态系统平衡的基本原理作为行动的理论基础。

第五，改善生态环境与帮助农牧民脱贫致富相结合，保护和改善生态环境，这是广大人民包括沙区农牧民的共同愿望。

第六，国家支持与地方自力更生相结合，政府组织与社会各界参与相结合，鼓励单位、个人承包防治。

第七，保障防沙治沙者的合法权益。

实践证明，要长期保持防沙治沙者进行防沙治沙活动的积极性，必须要保障他们的合法权益，使他们劳有所得，所得又不被他人侵犯。

2.2.4 土地管理与农村土地承包法律制度

1.土地立法概况

新中国成立之初进行的土地改革，既是继续完成民主革命的任务，也是恢复和发展国民经济的基本条件。为了消灭封建土地所有制，1950 年 6 月 30 日，中央人民政府公布了《土地改革法》。该法确定的基本方针是：依靠贫雇农，团结中农，中立富农，有步骤有区别地消灭封建剥削制度，发展农业生产。土地改革消灭了地主阶级，解决了农民的土地问题，极大地提高了广大农民的生产积极性，农业生产因而得到迅速的恢复和发展。1950 年 11 月，颁布了《城市郊区土地改革条例》规定城市郊区所有没收和征收的土地，一律归国家所有，因而确立了城市郊区土地的国家所有制，即全民所有制。1953 年，政务院公布了《国家建设征用土地办法》，作出了"国家建设征用土地必须贯彻节约用地原则"。1956 年，我国完成了对农业、手工业和资本主义工商业的社会主义改造，中国农村建设走上了合作化道路，农村土地的所有制性质由个体农民所有变为社会主义劳动群众集体所有，从而确立了社会主义的农村土地集体所有制。

党的十一届三中全会后，为了合理利用和保护土地这一重要的经济资源，1986 年 6 月 25 日第六届全国人大常委会第十六次会议通过了《土地管理法》，1988 年 12 月 29 日第七届全国人大常委会第五次会议对该法进行了修正并重新颁布。为配合该法的实施，20 世纪 80 年代国家还制定了《土地管理法实施条例》《土地复垦规定》《城镇土地使用税暂行条例》《耕地占用税暂行条例》《基本农田保护条例》等行政法规。为了适应社会主义市场经济的发展，建设符合市场经济需要的土地管理体制推进土地使用制度改革，保护耕地，加大土地执法力度，1998 年 8 月 29 日第九届全国人大常委会第四次会议再次修订了《土地管理法》，修订后的《土地管理法》共 8 章 86 条，自 1999 年 1 月 1 日起施行。

2.土地使用制度

为了对土地进行科学管理，保证合理地使用土地，《土地管理法》对土地使用制度作了比较具体的规定。

第一，土地用途管制制度。《土地管理法》第四条第 1 款规定"国家实行土地用途管制制度",建立了土地用途管制的新制度,实现了土地管理方式的重大转变。土地用途管制制度的内容,包括以下两个方面。

首先,国家编制土地利用总体规划,明确土地用途。将土地分为农用地、建设用地和未利用地。"农用地"是指直接用于农业生产的土地,包括耕地、林地、草地、农水利用地、养殖水面等。但是,《土地管理法》第十一条又规定,确认林地的所有权或者使用权,依照《森林法》的有关规定办理。而根据国务院批准发布的《森林法实施细则》的规定,林地资源属于森林资源而非土地资源,不属于土地管理的范围,而属于林政管理的范围。"建设用地"是指建造建筑物、构筑的土地,包括城乡住宅和公用设施用地、工矿用地、交通水利设施用地、旅游用地、军事设施用地等。"未利用地"是指农用地和建设用地以外的土地。

其次,国家严格限制农用地转为建设用地,控制建设用地总量,对耕地实行特殊保护。为切实贯彻这一制度,《土地管理法》第三章"土地利用总体规划",第四章"耕地保护",第五章"建设用地"分别对土地利用总体规划、农用地转为建设用地、耕地保护等规定了严格的审批程序和一系列的具体保护措施。

第二,国有土地有偿使用制度。长期以来,建设单位使用国有土地,基本上是采取行政划拨的方式无偿使用,忽略了土地资源的经济价值,导致了土地使用的浪费,使国家对土地的财产所有权无法实现,并造成固有土地资产收益的大量流失。为合理利用土地,《土地管理法》规定了国有土地有偿使用制度。除在法律规定的范围内经国家批准以划拨方式取得的土地使用权外,使用国有土地的单位和个人应当以有偿使用方式取得国有土地的使用权。《土地管理法》第二条规定"国家依法实行国有土地有偿使用制度。但是,国家在法律规定的范围内划拨国有土地使用权的除外。"依据这一规定,使用国有土地的单位和个人必须按照国务院制定的标准和办法,缴纳土地使用权出让金等土地使用费后,方可使用土地。所谓"国家在法律规定的范围内划拨国有土地使用权的除外",是指《土地管理法》第五十四条规定的特殊情况,即国家机关用地和军事用地,城市基础设施用地和公益事业用地,国家重点扶持的能源、交通、水利等基础设施用地和法律、行政法规规定的其他用地。这些建设用地,经县级以上人民政府批准后可以划拨方式取得。

第三,土地使用权转让制度。《土地管理法》规定了"国有土地和集体所有的土地的使用权可以依法转让"的制度。为适应经济发展的需要,1994年7月5日全国人大常委会制定的《城市房地产管理法》对土地使用权的转让作了具体而详细的规定。1998年修改的《土地管理法》第二条也明确规定了这一制度"任何单位和个人不得侵占、买卖或者以其他形式非法转让土地。土地使用权可以依法转让。"长期以来,我国基本上是以无偿划拨的方式使用土地,因此,土地使用权一般不允许流通,从而使土地资源在市场经济活动中不能优化配置,产生应有的经济效益。随着土地有偿使用制度的实行,土地使用权的转让就成为必要。如果土地使用权不能依法转让，就无法建立起土地市场，不能形成土地权益交换的多级市场，土地有偿使用制度也没有意义。因此，土地使用权的有偿使用，包括两个层次的内容：一是土地使用权的"一级市场"，也就是土地出让；二是土地使用权的"二级市场"，也就是土地转让。从这两个内容的关系来看，二级市场是建立和完善社会主义地产市场的关键。因此，《土地管理法》在规定了土地有偿使用制度的同时，也规定土地使用权可以依法转让。这项制度，使我国土地制度改革向前迈进了一大步，是土地资源商品化的法律基础。

2.2.5 林木种子法律制度

种子法是指调整品种选育和种子生产、经营、使用、管理等活动的各项法律规范的总称。为保护和合理利用种质资源，规范品种选育和种子生产、经营、使用和管理行为，维护品种选育者、生产者、经营者和使用者的合法权益，提高种子质量，推动种子产业化，促进林业的发展，2000 年 7 月 8 日第九届全国人大常委会第十六次会议通过了《中华人民共和国种子法》（以下简称《种子法》），该法自 2000 年 12 月 1 日起施行。后根据 2004 年 8 月 28 日第十届全国人民代表大会常务委员会第十一次会议《关于修改〈中华人民共和国种子法〉的决定》第一次修正；根据 2013 年 6 月 29 日第十二届全国人民代表大会常务委员会第三次会议《关于修改〈中华人民共和国文物保护法〉等十二部法律的决定》第二次修正；2015 年 11 月 4 日第十二届全国人民代表大会常务委员会第十七次会议第三次修正。

1.管理体系

国务院农业、林业主管部门分别主管全国农作物种子和林木种子工作；县级以上地方人民政府农业、林业主管部门分别主管本行政区域内农作物种子和林木种子工作。各级人民政府及其有关部门应当采取措施，加强种子执法和监督，依法惩处侵害农民权益的种子违法行为。国家扶持种质资源保护工作和选育、生产、更新、推广使用良种，鼓励品种选育和种子生产经营相结合，奖励在种质资源保护工作和良种选育、推广等工作中成绩显著的单位和个人。

2.种质资源保护

国家依法保护种质资源，任何单位和个人不得侵占和破坏种质资源。禁止采集或者采伐国家重点保护的天然种质资源。因科研等特殊情况需要采集或者采伐的，应当经国务院或者省、自治区、直辖市人民政府的农业、林业主管部门批准。国家有计划地普查、收集、整理、鉴定、登记、保存、交流和利用种质资源，定期公布可供利用的种质资源目录。具体办法由国务院农业、林业主管部门规定。国务院农业、林业主管部门应当建立种质资源库、种质资源保护区或者种质资源保护地。省、自治区、直辖市人民政府农业、林业主管部门可以根据需要建立种质资源库、种质资源保护区、种质资源保护地。种质资源库、种质资源保护区、种质资源保护地的种质资源属公共资源，依法开放利用。国家对种质资源享有主权，任何单位和个人向境外提供种质资源，或者与境外机构、个人开展合作研究利用种质资源的，应当向省、自治区、直辖市人民政府农业、林业主管部门提出申请，并提交国家共享惠益的方案；受理申请的农业、林业主管部门经审核，报国务院农业、林业主管部门批准。从境外引进种质资源的，依照国务院农业、林业主管部门的有关规定办理。

3.品种审定制度

国家对主要农作物和主要林木实行品种审定制度。主要农作物品种和主要林木品种在推广前应当通过国家级或者省级审定，由省、自治区、直辖市人民政府林业主管部门确定的主要林木品种实行省级审定。申请审定的品种应当符合特异性、一致性、稳定性要求。主要农作物品种和主要林木品种的审定办法由国务院农业、林业主管部门规定。审定办法应当体现公正、公开、科学、效率的原则，有利于产量、品质、抗性等的提高与协调，有利于适应市场和生活消费需要的品种的推广。在制定、修改审定办法时，应当充分听取育种者、种子使用者、生产经营者和相关行业代表意见。

国务院和省、自治区、直辖市人民政府的农业、林业主管部门分别设立由专业人员组成的农作物品种和林木品种审定委员会。品种审定委员会承担主要农作物品种和主要林木品种的审定工作，建立包括申请文件、品种审定试验数据、种子样品、审定意见和审定结论等内容的审定档案，保证可追溯。在审定通过的品种依法公布的相关信息中应当包括审定意见情况，接受监督。

品种审定实行回避制度。品种审定委员会委员、工作人员及相关测试、试验人员应当忠于职守，公正廉洁。对单位和个人举报或者监督检查发现的上述人员的违法行为，省级以上人民政府农业、林业主管部门和有关机关应当及时依法处理。

4.植物新品种保护制度

对国家植物品种保护名录内经过人工选育或者发现的野生植物加以改良，具备新颖性、特异性、一致性、稳定性和适当命名的植物品种，由国务院农业、林业主管部门授予植物新品种权，保护植物新品种权所有人的合法权益。植物新品种权的内容和归属、授予条件、申请和受理、审查与批准，以及期限、终止和无效等依照本法、有关法律和行政法规规定执行。国家鼓励和支持种业科技创新、植物新品种培育及成果转化。取得植物新品种权的品种得到推广应用的，育种者依法获得相应的经济利益。

2.2.6 植物新品种保护法律制度

植物新品种,是指经过人工培育的或者对发现的野生植物加以开发,具备新颖性、特异性、一致性和稳定性并有适当命名的植物品种,包括农作物和森林植物新品种。

1.植物新品种保护的立法

农业、林业生产的产量和质量要获得迅速提高,必须不断地培育出新品种,以满足生产的需要。具有高产、优质或抗病虫害等特性的植物新品种,是提高农业、林业产量和产品品质的重要因素。培育植物新品种需要技能、劳力、资源、资金等大量投入,同时要花费许多年时间(许多植物新品种的培育要 10 ~ 15 年或者更长的时间)。在许多情况下,新品种一旦扩散就很容易被别人繁殖,从而使育种者失去从其投资中收回成本的机会。为了鼓励育种者为培育新品种继续投资,为农业、林业的发展作出更多的贡献,同时使育种者利用其培育的品种获得利润,从 20 世纪 30 年代开始,在美国和欧洲的一些国家逐步形成了本国的植物新品种保护的法律制度。随着国际经济贸易的发展,1961 年,欧洲的一些国家在法国巴黎签订了《国际植物新品种保护公约》,并在此基础上成立了国际植物新品种保护联盟(简称 UPOV)。《公约》于 1968 年生效,从而在国际上正式确立了植物新品种保护的法律制度。

1997 年 3 月 20 日国务院发布了《中华人民共和国植物新品种保护条例》(以下简称《植物新品种保护条例》),自 1997 年 10 月 1 日起施行。1999 年 8 月 10 日国家林业局发布了《中华人民共和国植物新品种保护条例实施细则(林业部分)》(以下简称《植物新品种保护条例实施细则(林业部分)》),自发布之日起施行。植物新品种保护立法对于鼓励培育和使用植物新品种,促进林业生产的发展,具有重要的意义。

2.植物新品种保护的主管部门

根据《植物新品种保护条例》的规定,国务院农业、林业主管部门按照职责分工共同负责植物新品种申请的受理和审查,并对符合规定条件的植物新品种授予植物新品种权。根据国家有关规定,林业的植物新品种是指经过人工培育的或者对发现的野生植物加以开发,具备新颖性、特异性、一致性和稳定性并有适当命名的林木、竹、木质藤本、木本观赏植物(包括木本花卉)、果树(干果部分)及木本油料、饮料、调料、木本药材等植物品种。植物品种保护名录由国家林业局确定和公布。

根据《植物新品种保护条件实施细则(林业部分)》的规定,国家林业局植物新品种保护办公室(以下简称植物新品种保护办公室)具体负责受理和审查林业植物新品种的品种权申请,组织与植物新品种保护有关的测试、保藏等业务,按国家有关规定承办与植物新品种保护有关的国际事务等具体工作。

3.授予品种权的条件和程序

(1) 品种权的概念和内容

植物新品种权（简称品种权）是品种权审批机关代表国家依法授予植物新品种培育人对其品种在规定期限内享有的独占权，属于知识产权的一种。被授予品种权的植物新品种称为授权品种。完成育种的单位或者个人对其授权品种，享有排他的独占权。任何单位或者个人未经品种权所有人（简称品种权人）许可，不得为商业目的生产或者销售该授权品种的繁殖材料（包括苗木、种子以及构成植物体的任何部分），不得为商业目的将该授权品种的繁殖材料重复使用于生产另一品种的繁殖材料。但是，《植物新品种保护条例》另有规定的除外（如农民自繁自用的）。

《植物新品种保护条例》对品种权的内容和归属，还作了以下规定。

第一，职务育种与非职务育种。执行本单位的任务或者主要是利用本单位的物质条件所完成的育种称为职务育种。职务育种的植物新品种的申请权属于该单位。"职务育种"是指：在本职工作中完成的育种；履行本单位分配的本职工作之外的任务所完成的育种；离开原单位后3年内完成的与其在原单位承担的本职工作或者分配的任务有关的育种；利用本单位的资金、仪器设备、试验场地、育种资源和其他繁殖材料及不对外公开的技术资料等所完成的育种。除以上情形之外的育种，为非职务育种。非职务育种的植物新品种的申请权属于完成育种的个人。

第二，一个植物新品种只能授予一项品种权。如果有两个以上的申请人分别就同一个植物新品种申请品种权的，品种权授予最先申请的人；同时申请的，品种权授予最先完成该植物新品种育种的申请人。

第三，植物新品种的申请权和品种权可以依法转让。国内的单位或者个人就其在国内培育的林业植物新品种向外国人转让申请权或者品种权的，应当报国家林业局批准。国有单位在国内转让植物新品种申请权或者品种权的，由其上级行政主管部门批准。

第四，品种权的强制许可。为满足国家利益或者公共利益等特殊需要，或者在品种权人无正当理由自己不实施或实施不完全，又不许可他人以合理条件实施的情况下，国家林业局可以作出或者依当事人的请求作出实施植物新品种强制许可的决定。请求植物新品种强制许可的单位或者个人，应当向国家林业局提出强制许可请求书。取得实施强制许可的单位或者个人应当付给品种权人合理的使用费，其数额由双方商定；双方不能达成协议的，当事人可以请求国家林业局裁决强制许可使用费数额。国家林业局自收到裁决请求书之日起3个月内作出裁决并通知有关当事人。品种权人对强制许可决定或者强制许可使用费的裁决不服的，可以自收到通知之日起3个月内向人民法院提起诉讼。

需要说明的是，授予植物新品种权的植物新品种，并不意味育种者可以直接推广使用所授权的植物新品种。该植物新品种能否生产、销售和推广使用，还必须按照种子法的有关规定进行审定。

（2）授予品种权的条件

授予品种权的植物新品种应当具备以下条件。

第一，属于国家植物品种保护名录中列举的植物的属或者种。林业上的植物新品种保护名录由国家林业局确定和公布。国家林业局先后公布了四批林业植物新品种保护名录。

第二，新颖性。新颖性是指申请品种权的植物新品种在申请日前该品种繁殖材料未被销售，或者经育种者许可，在中国境内销售该品种繁殖材料未超过 1 年；在中国境外销售藤本植物、林木、果树和观赏树木品种繁殖材料未超过 6 年，销售其他植物品种繁殖材料未超过 4 年。对植物新品种保护条例施行前首批列入植物品种保护名录的和《植物新产品保护条例》施行后列入植物品种保护名录的属或者种的植物品种，自名录公布之日起一年内提出的品种权申请，经育种人许可，在中国境内销售该品种的繁殖材料不超过 4 年的，视为具有新颖性。

第三，特异性。特异性是指申请品种权的植物新品种应当明显区别于在递交申请以前已知的植物品种。

第四，一致性。一致性是指申请品种权的植物新品种经过反复繁殖，除可以预见的变异外，其相关的特征或者特性一致。

第五，稳定性。稳定性是指申请品种权的植物新品种经过反复繁殖后或者在特定繁殖周期结束时，其相关的特征或者特性保持不变。

第六，有适当的名称，并与相同或者相近的植物属或者种中已知品种的名称相区别。但是，有下列情形之一的不得用于林业植物新品种命名：仅以数字组成的；违反社会公德的；对植物新品种的特征、特性或者育种者的身份等容易引起误解的；违反国家法律、行政法规规定或者带有民族歧视性的；以国家名称命名的；以县级以上行政区划的地名或者公众知晓的国名地名命名的；同政府间国际组织或者其他国际知名组织的标识名称相同或者近似的；属于相同或者相近植物属或者种的已知名称的。

（3）品种权的申请和受理

第一，品种权的申请人。中国的单位和个人申请品种权的，可以直接或者委托国家林业局指定的代理机构向国家林业局提出申请。申请品种权的植物品种如涉及国家安全或者重大利益需要保密的，申请人应当在请求书中注明，植物新品种保护办公室应当按国家有关保密规定办理，并通知申请人。外国人、外国企业或者其他外国组织向国家林业局提出品种权申请和办理其他品种权事务的，应当委托国家林业局指定的代理机构办理。

申请品种权的应当按照规定缴纳申请费、审查费；需要测试的，应当缴纳测试费；授予品种权的，应当缴纳年费。

第二，受理。申请人申请品种权时，应当向植物新品种保护办公室提交国家林业局规定格式的请求书、说明书以及符合规定的照片。植物新品种保护办公室可以要求申请人送交申请品种权的植物品种和对照品种的繁殖材料，用于审查和检测。申请人应当自收到植物新品种保护办公室通知之日起 3 个月内送交繁殖材料。申请人送交的繁殖材料应当依照国家有关规定进行检疫并且符合下列要求：与品种权申请文件中所描述的该植物品种的繁殖材料相一致；最新收获或者采集的；无病虫害；未进行药物处理；已进行了药物处理的，应当附有使用药物的名称、使用的方法和目的。

提交的各种文件应当使用中文，并采用国家统一规定的科技术语。当事人提交各种文件和有关材料可以直接提交，也可以邮寄。邮寄的，以寄出的邮戳日为提交日。

保藏机构或者测试机构对申请人送交的繁殖材料，在品种权申请的审查期间和品种权的有效期限内，应当保密和妥善保管。

第三，优先权。申请人向国家林业局提出品种权申请之后，又向外国申请品种权的，可以请求植物新品种保护办公室出具优先权证明文件。申请人自在外国第一次提出品种权申请之日起 12 个月内，又在中国就该植物新品种提出品种权申请的，依照该外国同中华人民共和国签订的协议或者共同参加的国际条约，或者根据相互承认优先权的原则，可以享有优先权。申请人要求优先权的，应当在申请时提出书面说明，并在 3 个月内提交经原受理机关确认的第一次提出的品种权申请文件的副本。

国内的单位和个人将在国内培育的植物新品种向国外申请品种权的，应当向国家林业局登记。

申请人可以在品种权授予前向国家林业局请求修改或者撤回品种权申请。

(4) 品种权的审查与批准

第一，对品种权申请的初步审查。申请人缴纳申请费后，审批机关对品种权申请的下列内容进行初步审查：是否属于植物新品种保护名录列举的植物属或者种的范围；外国人、外国企业或者外国其他组织在中国申请品种权的，应当按其所属国和中华人民共和国签订的协议或者共同参加的国际条约办理，或者根据互惠原则，依照有关规定办理；是否符合新颖性的规定；植物新品种的命名是否适当。国家林业局应当自受理品种权申请之日起 6 个月内完成初步审查。国家林业局对品种权申请进行初步审查时，可以要求申请人就有关问题在规定的期限内提出陈述意见或者予以修正。对初步审查合格的品种权申请，由国家林业局予以公告，并通知申请人在 3 个月内缴纳审查费。自品种权申请公告之日起至授予品种权之日前，任何人均可以对不符合有关规定的品种权申请向国家林业局提出异议，并说明理由。

第二，对品种权申请的实质审查。申请人按照规定缴纳审查费后，国家林业局对品种权申请的特异性、一致性和稳定性进行实质审查。审批机关认为必要时，可以委托指定的测试机构进行测试或者考察业已完成的种植或者其他试验的结果。申请人应当根据审批机构的要求提供必要的资料和该植物新品种的繁殖材料。

第三，品种权的授予。经实质审查后，对符合规定的品种权申请由国家林业局作出授予品种权的决定，向品种权申请人颁发品种权证书并予以登记和公告。对不符合规定的品种权申请，审批机关予以驳回，并通知申请人。申请人对审批机关驳回品种权申请的决定不服的，可以自收到通知之日起 3 个月内，向国家林业局植物新品种复审委员会请求复审。复审委员会应当自收到复审请求书之日起 6 个月内作出决定，并通知申请人。申请人对复审委员会的决定不服的，可以自接到通知之日起 15 日内向人民法院提起诉讼。

第四，品种权的生效。品种权自国家林业局作出授予品种权的决定之日起生效。品种权被授予后，在自初步审查合格公告之日起至被授予品种权之日止的期间，对未经申请人许可，为商业目的生产或者销售该授权品种的繁殖材料的单位和个人，品种权人享有追偿的权利。

国家林业局定期出版植物新品种保护公报，公告品种权的申请、授予、转让、继承、终止等有关事项。

（5）品种权的终止和无效

品种权的保护期限，自授权之日起，藤本植物、林木、果树和观赏树木为 20 年，其他植物为 15 年。

第一，品种权的终止。有下列情形之一的，品种权在其保护期限届满前终止，由国家林业局登记和公告：品种权人以书面声明放弃品种权的，自声明之日起终止；品种权人未按照规定缴纳年费的，自补缴年费期限届满之日起终止；品种权人未按照要求提供检测所需的该授权品种的繁殖材料或者送交的繁殖材料不符合要求的，国家林业局予以登记，其品种权自登记之日起终止；经检测该授权品种不再符合被授予品种权时的特征和特性的，自国家林业局登记之日起终止。

第二，品种权的无效。自公告授予品种权之日起，国家林业局植物新品种复审委员会可以依据职权或者依据任何单位和个人的书面请求，关于新颖性、特异性、一致性和稳定性规定的品种权宣告无效；对不符合命名规定的，决定予以更名。宣告品种权无效或者更名的决定，由国家林业局登记和公告并由植物新品种保护办公室通知当事人。当事人对复审委员会的决定不服的，可以自收到通知之日起 3 个月内向人民法院提起诉讼。被宣告无效的品种权视为自始不存在。

第三，品种权无效宣告的请求。任何单位或者个人请求宣告品种权无效的，应当向复审委员会提交国家林业局规定格式的品种权无效宣告请求和有关材料，并说明所依据的事实和理由。复审委员会应当自收到无效宣告请求书之日起 15 日内将品种权宣告请求书副本和有关材料送达品种权人。品种权人应当在收到后 3 个月内提出陈述意见；逾期未提出的，不影响复查委员会审理。

品种权无效宣告决定不具有追溯力。宣告品种权无效的决定，对在宣告前人民法院作出并已执行的植物新品种侵权的决定、裁定，省级以上林业行政主管部门作出并已执行的植物新品种侵权处理决定，以及已经履行的植物新品种实施许可合同和植物新品种权转让合同，不具有追溯力。但是，因品种权人的恶意给他人造成损失的，应当给予合理赔偿。品种权人或者品种权转让人不向被许可实施人或者受让人返还使用费或者转让费，明显违反公平原则的，品种权人或者品种权转让人应当向被许可实施人或者受让人返还全部或者部分使用费或者转让费。

当事人因植物新品种的申请权或者品种权发生纠纷的，可以向人民法院提起诉讼，已向人民法院提起诉讼并受理的，应当向国家林业局报告并附具人民法院已受理的证明材料。国家林业局按照有关规定作出中止或者终止的决定。

2.2.7 退耕还林条例

为了改善生态环境，优化农村产业结构，规范退耕还林活动，切实保护退耕还林者的合法权益，巩固退耕还林成果，2002 年 12 月 6 日国务院第 66 次常务会议通过了《退耕还林条例》，2002 年 12 月 14 日国务院第 367 号公布，自 2003 年 1 月 20 日起施行。这是我国退耕还林工作中一项重要行政法规。《退耕还林条例》共 7 章 65 条，分总则，规划和计划，造林、管林与检查验收，资金和粮食补助，其他保障措施，法律责任，附则。

"总则"明确了制定条例的目的和退耕还林必须坚持的原则，以及各级政府、各部门在退耕还林工程规划、协调、实施中的权限等。

第 2 章"规划和计划"规定了退耕还林规划应当包括的主要内容、应当纳入退耕还林规划的耕地类别以及规划的编制审批等事项。明确规定了水土流失严重的耕地，沙化、盐碱化、石漠化严重的耕地，生态地位重要、粮食产量低而不稳的耕地应纳入退耕还林规划。

第 3 章"造林、管护与检查验收"规定了退耕还林合同的签订、退耕还林所需种苗的供应采购及造林的管护与验收等事项。

第 4 章"资金和粮食补助"规定，国家按照核定的退耕还林实际面积，向土地承包经营权人提供补助粮食、种苗造林补助费和生活补助费的标准和年限等。

第 5 章"其他保障措施"强调国家保护退耕还林者享有退耕土地上的林木（草）所有权。退耕还林后的承包经营期限可以延长到 70 年，并可以依法继承、转让等。

第 6 章"法律责任"规定了国家工作人员在退耕还林活动中违反本条例规定后适用的刑事处罚或行政处分等内容。

第 7 章"附则"规定，本条例自 2003 年 1 月 20 日起实施。

2.2.8 农业技术推广法

1993 年 7 月 2 日第八届全国人民代表大会常务委员会第二次会议通过了《中华人民共和国农业技术推广法》。在此之前,国家农牧渔业部于 1983 年 7 月和 1984 年 4 月先后颁布了《农业技术推广工作条例》和《农业技术重点推广项目管理试行办法》。农业技术推广工作是农业科技工作的重要组成部分,是把农业科技成果和先进的实用技术转变为现实生产力的重要环节,国家制定颁布农业技术推广法是落实科技发展战略的一项重要措施,其目的在于加强农业技术推广工作,促使农业科技成果和实用技术尽快应用于农业生产,依靠科技进步发展高产、优质、高效农业,实现农业现代化。

《农业技术推广法》第二条规定:"农业技术是指应用于种植业、林业、畜牧业、渔业的科研成果和实用技术,包括良种繁育、施用肥料、化学除草、病虫害防治、栽培、灌溉和养殖技术,农副产品加工、保鲜、贮运技术,农业机械技术和农用航空技术,农田水利、土壤改良与水土保持技术,农村供水、农村能源利用和农业环境保护技术,农业气象技术以及农业经营管理技术等。"

农业技术推广是指通过试验、示范、培训、指导以及咨询服务等,把农业技术普及应用于农业生产产前、产中、产后全过程的活动。

根据《农业技术推广法》第四条规定,农业技术推广应遵循的原则有以下几条。

1)有利于高产、优质、高效农业发展的原则。这是推广组织和推广人员进行推广活动的出发点和归宿,"两高一优"农业是农业发展的方向,推广工作要适应这一要求推广先进、适用的技术,实现发展生产、满足需要、增加收入、提高生活水平的技术推广目标。

2)尊重农业劳动者意愿的原则。在农业技术推广与应用活动中,推广者与应用者在法律上的地位平等,推广与应用是平等主体之间的活动。在市场经济条件下,农户是自主经营、自负盈亏、独立核算的经济实体,是独立的商品生产者和经营者,因而在其生产经营过程中拥有充分的自主权。农业生产者在生产过程中使用农业科学技术及采用什么样的新技术,这是农业生产过程组织、生产方式选择和生产要素配置的具体内容之一,他们有权根据自己的生产经营目标自主决定。任何单位或个人不得强制农业生产者采用推广的新技术,而应尊重他们的意愿。政府及农业推广机构可以通过经济、政策或法律等手段来调控他们的经济行为,鼓励和引导他们采用新技术。

3)因地制宜,经过试验、示范的原则。我国地域广阔,各地气候、土壤、自然、水利和经济发展状况差异较大,农民文化素质不同,对农业新技术的消化、理解也不一样。因此,推广一项农业新技术应结合各地区实际条件,因地制宜,经过试验、示范,研究推广的可行性,逐步稳妥地开展农业技术推广工作。

4）国家、农村集体经济组织扶持的原则。农业技术推广活动是一种公益性和社会服务活动，农业推广机构多是向农民提供农业技术服务的非营利性质的业务实体，农业技术推广机构是国家事业单位，推广农业技术是代表国家扶持农业，其推广经费应由国家财政负担，原则上应对农业劳动者实行无偿服务，但是，在特殊情况下，可以实行有偿服务。如农业技术推广机构、科研院所或科技人员以技术转让、技术服务和技术承包等形式提供农业技术的可以实行有偿服务，其合法收入受法律保护。乡、村集体经济组织也可从自己的收入中，提取一定数额的资金，扶持本乡、村的农业技术推广工作。

5）实行科研单位、有关学校、推广机构与群众性科技组织、科技人员、农业劳动者相结合的原则。农业技术推广本身具有严格的科学性和复杂性，而且量大面广，它是将农业技术成果转化为农业生产力的手段和媒介，涉及农业科研、教育、农业技术推广机构、农村民办科技组织、科技人员和农业劳动者。只有将科研、教育、推广、生产、服务结合起来，才能取得整体效益。

6）讲求农业生产的经济效益、社会效益和生态效益的原则。在农业推广工作中，农业推广项目的经济效益、社会效益和生态效益三者之间的联系是很密切的，既有相互促进作用，又有相互制约作用。在推广中要充分地利用三者统一、相互促进的一面，避免相互矛盾、互相制约的一面。例如满足社会需求常常考虑到高产的方面，市场消费常常考虑优质方面，而农民则多考虑效益的一面。为此，除国家通过政策进行宏观调控外，农业推广机构在具体地推广活动中，应注意对矛盾进行协调，尽可能地减少矛盾，使三者统一起来。值得注意的是要重视生态效益，从生物和环境的结合上，通过合理安排农业的生态经济结构，充分发挥其能量多级转化和物质再生产的功能，防止破坏生态环境，实现农业能够可持续发展的生态效益。

2.2.9 行政许可法

1.行政许可的概念

行政许可，是行政机关根据相对人的申请，以书面证照或者其他方式允许相对人从事某种行为，确认某种权利，授予某种资格和能力的行为。它是为了实现行政管理，依照法律规定，赋予特定的行政相对人拥有可以从事某一特定行为的资格的法律行为。《中华人民共和国行政许可法》（以下简称《行政许可法》）第二条规定："本法所称行政许可，是指行政机关根据公民、法人或者其他组织的申请，经依法审查，准予其从事特定活动的行为。"

2.行政许可的特征

行政许可有四个方面的特征。

第一，行政许可是依已申请的行为。行政许可属于依申请行政行为，公民、法人或者其他组织的申请即为起始，无申请即无许可。

第二，行政许可是管理性行为。管理性主要体现为行政机关作出行政许可的单方面性。行政机关为确认民事财产权利和民事关系的登记，如产权登记、抵押登记、特定身份登记等都不是行政许可。

第三，行政许可是外部行为。《行政许可法》第三条第 2 款规定：“有关行政机关对其他机关或者对其直接管理的事业单位的人事、财务、外事等事项的审批，不适用本法。”据此，行政许可是行政机关针对行政相对人的一种管理行为，是管理经济和社会事务的外部行为。至于行政机关对其他行政机关（包括党的机关、国家其他机关、人民团体等），或者对机关直接管理的事业单位的人事、财务、外事等事项的审批，则属于内部管理行为，不属于行政许可。

第四，行政许可是准予相对人从事特定活动的行为。实施行政许可的结果是，相对人获得了从事特定活动的权利或者资格，比如，开采矿山、从事律师职业等。

3.行政许可的原则

第一，合法原则是指设定和实施行政许可，应当依照法定的权限、范围、条件和程序。

首先，设定行政许可，应当依照法定权限、范围、条件和程序，其基本含义：严格按照行政许可法规定的权限范围设定行政许可；严格按照行政许可法规定的设定行政许可的范围设立行政许可；按照行政许可法确定的条件设定行政许可；按照行政许可法和其他有关法律、行政法规的程序设定行政许可。

其次，实施行政许可，应当按照法定权限、范围、条件和程序，其基本含义包括以下几个方面：一是实施行政许可的主体及权限应当合法。《行政许可法》第二十二、第二十三条规定：“行政许可由具有行政许可权的行政机构在其法定职权范围内实施；法律、法规授权的具有管理公共事务职能的组织，在其法定授权范围内，以自己的名义实施行政许可”；二是实施行政许可应当依照行政许可法和其他有关法律、法规和规章规定的条件。如前所述，行政许可的本质主要表现为对公民、法人和其他组织是否符合法定权利资格和具备取得权利的条件进行审查核实后的一种结论。因此，行政许可都是对符合法定条件的活动所给予的一种准许。违反法定条件实施行政许可，构成实体上违法。针对由于法律、法规、规章对实施行政许可的条件规定不明确造成实施行政许可的随意性，《行政许可法》第十八条规定：“设定行政许可，应当明确规定行政许可的实施条件”；三是实施行政许可应当严格依照行政许可法和其他法律、法规、规章规定的程序。行政许可法主要内容是行政许可程序，从行政许可的申请、受理、审查、决定，到行政许可的期限、变更、延续，都作了较详细的规定。所有这些程序性规定，都是实施行政许可必须遵循的法律规范。违反这些法律规范，就构成程序违法。在实施行政许可中，需要格外尊重程序、恪守程序，严格按程序办事。

第二，公开、公平、公正原则。行政法律制度上的公开通常是指国家行政机关某种活动或者行为过程和结果的公开，其本质是对公众知情权、参与权和监督权的保护。

设定行政许可遵循公开原则的基本要求：一是设定行政许可的过程应当是开放的，从设定行政许可的必要性、可行性，到行政许可可能产生效果的评估，都要广泛听取意见，允许并鼓励公众评论，真正做到广集民意；二是凡是行政许可的规定都必须公布，未经公布的，不得作为实施行政许可的依据。

实施行政许可遵循公开原则的基本要求：一是行政许可实施的主体要公开，谁有权实施哪些行政许可，应当让公众周知；二是行政许可实施的条件应该是规范的、明确的、公开的；三是行政许可实施的程序，包括申请、受理、审查、听证、决定、检查等程序都应当是具体、明确和公开的；四是行政许可的实施期限是公开的；五是行政机关作出的准予行政许可的决定，应当予以公开，公众有权查阅（涉及国家秘密、商业秘密和个人隐私的情况除外）。

行政法律制度上的公正、公平原则是合法原则的必要补充，它们要求的是，行政机关在履行职责、行使权力时，不仅在实体和程序上都要合法，而且还要合乎常理。设定和实施行政许可遵循公平、公正原则，要求平等地对待所有个人和组织，禁止搞身份上的不平等。

根据行政许可法的规定，在设定行政许可时，不能对个人和组织因为地位（规模）、经济条件、来自地区不同而规定不同的条件。

第三，便民原则。便民就是公民、法人和其他组织在行政许可过程中能够廉价、便捷、迅速地申请并获得行政许可。便民是我国法律制度的重要价值取向，也是行政机关履行行政职责、行使行政权力应当恪守的基本准则。根据这一原则，行政机关实施行政许可，应当做到以下几点：一是行政许可依法需要行政机关内设的多个机构办理的，该行政机关应当确立一个机构统一受理行政许可申请，统一送达行政许可决定；行政许可依法由地方人民政府两个以上部门分别实施的，本级人民政府可以确定一个部门受理行政许可申请并转告有关部门分别提出意见后统一办理，或者组织有关部门联合办理、集中办理；省级人民政府依法应积极决定一个行政机关行使有关行政机关的行政许可权；二是公民、法人或者其他组织申请行政许可，应当尽量提供方便，如提供符合法定要求的申请书格式文本，允许并鼓励申请人员通过信函、传真、电子数据交换等方式提出申请，将行政许可的事项、依据、条件、数量、程序、期限及需要提交的全部材料的目录等在办公场所公示，当场更正申请材料中的错误，应当创造条件在网站上公布行政许可事项等；三是对符合法定形式、材料齐全的申请，应当尽量当场受理，不得拖延；四是应当严格在法定期限内作出行政许可决定或者办完有关事项。按照提高办事效率的要求，行政机关实施行政许可应当尽量往前赶，无论是受理、审查行政许可申请，还是作出行政许可决定；无论是告知申请人相关权利、举行听证会，还是到现场去检验、检测；无论是发现问题，还是处理问题，都要及时，都必须讲究效率。

2.2.10 林业行政执法相关法律

1.林业行政执法

（1）林业行政执法的概念

林业行政执法有广义的和狭义的之分。广义的林业行政执法，是指林业行政执法主体执行或适用法律、法规和规章，使法律、法规和规章在林业建设过程中得以实施的活动。包括行政许可、行政确认、行政奖励、行政裁决、行政处罚、行政强制、行政监督等行为。狭义的林业行政执法，是指林业行政处罚。

（2）林业行政执法的主要内容

第一，森林、林木和林地权属管理。依据《宪法》《民法通则》《森林法》《森林法实施条例》等法律、法规、规章的有关规定，由县级以上人民政府依法确认森林、林木和林地的所有权或者使用权、核发林权证，予以保护，并依法办理变更登记手续；依法审核征用、占用林地行为；依法协调处理林权纠纷；依法规范森林、林木、林地的流转行为等。

第二，林木种苗管理。依据《中华人民共和国种子法》等法律、法规、规章的规定，保护种质资源，组织林木种子审定，核发林木种子生产许可证、经营许可证，规范种子生产、经营活动，审批种质资源的跨境携带、运输、引种等活动，查处种子违法犯罪的行为等。

第三，森林防火管理。依据《森林法》《森林防火条例》等法律、法规和规章的规定，做好森林火险天气监测预报，依法建立健全防火组织、防火责任制，建设森林防火设施，规定森林防火期和森林防火戒严期，及时组织森林扑救火灾工作等。

第四，森林植物检疫、病虫害防治管理。依据《森林法》《植物检疫条例》《森林病虫害防治条例》等法律、法规和规章的规定，规定林木种苗的检疫对象，划定疫区和保护区；依法确定应施检疫的森林植物及林产品名单；搞好森林病虫害预测预报；依法查处用带有危险性病虫害的林木种苗育苗或者造林的行为等。

第五，植物新品种保护。依据《中华人民共和国植物新品种保护条例》等法规、规章的规定，确定和公布林业植物新品种保护名录；组织实施品种权的授予和复审工作；依法查处品种权侵权和假冒授权品种案件等。

第六，林木采伐、木材加工经营、运输和进出口管理。依据《森林法》《森林法实施条例》《森林采伐更新管理办法》等法律、法规、规章和规范性文件的规定，组织实施森林采伐限额和木材生产计划管理，依法核发林木采伐许可证，实施采伐更新管理；依法核发木材运输证，组织监督木材运输活动；审批林区经营加工木材活动，监督木材加工、收购和经营；依法审批珍贵树种、木材及其产品进出口；依法查处盗伐、滥伐林和毁林行为，查处木材运输、经营加工和珍贵树木、木材及其产品进出口活动中的违法犯罪行为等。

第七，野生植物资源管理。依据《森林法》《野生植物保护条例》《自然保护区条例》《森林公园管理办法》《国家重点保护野生植物名录（第一批）》和地方重点保护野生植物名录的规定，依法监视、监测、评价国家重点保护野生植物和地方重点保护野生植物的生长环境；依法核发采集证和查处非法采集国家重点保护野生植物和地方重点保护野生植物的活动；依法控制和审批出售、收购进出口国家重点保护野生植物，查处非法出售、收购和进出口国家重点保护野生植物和地方重点保护野生植物的行为；依法规范森林类型自然保护区的建立、建设、旅游、考察、科研、教学实习、修筑设施活动等。

第八，野生动物资源管理。依据《野生动物保护法》《中华人民共和国陆生野生动物保护实施条例》《森林和野生动物类型自然保护区管理办法》《国家重点保护野生动物名录》《国家保护的有益的或者有重要经济、科学研究价值的陆生野生动物名录》和地方重点保护野生动物名录的规定，通过设立自然保护区、划定狩猎区、环境监测和环境影响报告、湿地保护、野生动物工作中的涉外活动审批以及野生动物受到自然灾害威胁时的拯救措施，对国家重点保护野生动物和地方重点保护野生动物的生存环境进行保护；对猎捕国家重点保护野生动物核发《特许猎捕证》；对猎捕非国家重点保护野生动物核发《狩猎证》；对驯养繁殖国家重点保护野生动物的单位和个人，核发《驯养繁殖许可证》；对国家重点保护野生动物的运输、进出口活动实行审批制度等。

2. 林业行政诉讼

（1）林业行政诉讼的概念

林业行政诉讼是指公民、法人或者其他组织认为林业行政执法主体的具体行政行为侵犯其合法权益，依法向人民法院提起诉讼，由人民法院进行审理并作出裁判的活动。林业行政诉讼是我国行政诉讼的一种，其诉讼活动必须依照行政诉讼法的规定进行。所谓行政诉讼法，是指人民法院据以审理公民、法人或者其他组织不服行政机关具体行政行为而形成的行政案件的一系列程序方面的法律规范的总称。行政诉讼法有狭义、广义之分。狭义的行政诉讼法也称形式意义上的行政诉讼法，专指我国1989年4月4日由第七届全国人民代表大会第二次会议通过的《中华人民共和国行政诉讼法》。广义的行政诉讼法也称实质意义的行政诉讼法，除行政诉讼法外，还包括一切有关行政诉讼法的法律规范，它们分散在各种法律、法规及立法、司法解释中。比如最高人民法院《关于执行〈中华人民共和国行政诉讼法〉若干问题的解释》等。

（2）林业行政诉讼的法律特征

第一，林业行政诉讼中的原告、被告具有恒定性。林业行政诉讼中的原告，是对林业行政执法主体作出的具体行政行为不服，依法向人民法院提起行政诉讼的公民、法人或者其他组织。林业行政诉讼中的被告，是针对行政管理相对人作出具体行政行为并且相对人对该具体行政行为不服而提起行政诉讼的林业行政执法主体。

第二，林业行政诉讼的标的是林业行政执法主体作出的行政行为。林业行政执法主体即各级林业行政主管部门，法律、法规授权的组织。

第三，林业行政诉讼案件只限于相对人就林业行政执法主体作出的行政行为的合法性和适当性所发生的争议。

第四，林业行政诉讼是人民法院运用国家审判权监督林业行政执法主体依法行使职权和履行职责，保护公民、法人和其他组织合法权益不受违法行政行为损害的司法活动。

（3）林业行政诉讼的基本原则

林业行政诉讼的基本原则就是林业行政诉讼过程中必须遵守的行为准则。主要有以下原则：第一，人民法院依法独立行使行政审判原则；第二，是以事实为根据、以法律为准绳的原则；第三，具体行政行为合法性审查原则；第四，当事人的法律地位平等原则；第五，有权使用本民族语言文字原则；第六，当事人有权辩论原则；第七，合议、回避、公开审判和两审终审原则；第八，人民检察院实行法律监督原则。

3. 林业行政复议

（1）林业行政复议的概念

林业行政复议是指公民、法人或其他组织认为林业行政执法主体的具体行政行为侵犯其合法权益，依法向法定行政机关提出申请，由受理申请的机关依法定程序对原具体行政行为的合法性和适当性进行审查并作出相应决定的活动。《行政复议法》是 1999 年 4 月 29 日第九届全国人民代表大会常委会第九次会议通过，自 10 月 1 日起施行的。

（2）林业行政复议的特征

林业行政复议具有以下特征。

第一，林业行政复议是一种依申请的行为。林业行政复议程序，只能因林业行政管理相对人的申请而启动，不能由林业行政复议机关依职权而主动提起，也不得由其他任何单位和个人提起。

第二，林业行政复议的主体是具有法定行政复议职责的复议机关。即受理复议申请、依法对具体行政行为进行审查并作出决定的行政机关，包括林业行政主管部门所隶属的本级人民政府和上一级林业行政主管部门。实践中由申请人选择其中之一申请行政复议。

第三，林业行政复议的对象。即林业行政执法主体作出的具体行政行为和作出该具体行政行为所依据的特定范围的抽象行政行为。"特定范围的抽象行政行为"是指除部门规章和地方政府规章以外的下列抽象行政行为：一是国务院部门的规定；二是县级以上地方各级人民政府及其工作部门的规定；三是乡镇人民政府的规定。对这些抽象行政行为申请复议的内容，依法仅限于该行为的合法性，而不包括适当性问题。

第四，林业行政复议具有行政监督性和行政救济性。复议机关通过行政复议程序，对下级林业行政执法主体作出的具体行政行为及依据的有关规范性文件予以审查，或予以矫正或予以撤销或加以变更，它是一种层级监督、事后监督和间接监督的方式。通过这种监督，纠正下级林业行政执法主体的违法或不当行政行为，赔偿由此给行政管理相对人造成的损失，从而起到行政补救作用，保护行政管理相对人的合法权益。

2.2.11 国家赔偿法

1.国家赔偿法的概念

国家赔偿是国家行政机关、审判机关、检察机关、监狱管理机关及其工作人员在行使职权时，违法侵犯公民、法人或其他组织的合法权益，国家负责向受害人赔偿的制度。国家赔偿是一项法律责任制度，是国家对国家机关及其工作人员违法行使职权造成的损害给予赔偿的法律责任。其主要目的是给予合法权益遭受国家公权力侵害的公民、法人或者其他组织以救济。

为保障公民、法人和其他组织享有依法取得国家赔偿的权利，促进国家机关依法行使职权，1994 年 5 月 12 日，第八届全国人大常委会第七次会议通过了《中华人民共和国国家赔偿法》，该法于 1995 年 1 月 1 日起施行。

国家赔偿不同于国家补偿，国家补偿是国家对国家机关及其工作人员的合法行为造成的损失给予的补偿。国家赔偿是国家对违法行为承担的赔偿责任，包括行政赔偿和司法赔偿。行政赔偿是国家对国家行政机关及其工作人员违法行使行政权力给相对人造成的损害所承担的赔偿责任；司法赔偿则是司法机关，即公安机关、检察机关、法院和监狱管理机关及其工作人员违法行使司法权给公民、法人或其他组织造成损害时，国家所承担的赔偿责任。

国家赔偿的范围是有限的，对以下的事项，受害人不能援引国家赔偿法而要求国家承担赔偿责任。

第一，国家行为。国家行为又称政府行为、统治行为，依照最高人民法院《关于执行〈行政诉讼法〉若干问题的解释》第二条的规定，国家行为是指国务院、中央军事委员会、国防部、外交部根据宪法和法律的授权以国家的名义实施的国防和外交行为以及宪法和法律授权的机关宣布紧急状态、实施戒严和总动员等行为。

第二，立法行为。立法行为包括最高国家权力机关制定法律、国务院制定行政法规、省级人大制定地方性法规（包括自治条例、单行条例）以及国务院各部门、地方人民政府制定规章等活动。

第三，军事行为。国家赔偿法没有规定军事赔偿，军队因演习、训练中的侵权行为承担赔偿责任的，不适用国家赔偿法，而适用其他特别规定。

第四，公有公共设施的致害。公有公共设施是指供公众使用的公物，如公园、溪流、桥梁、铁路、游泳场、科技馆、高速公路等。公有公共设施的设置、管理、使用有欠缺和瑕疵，造成公民生命、健康、财产的损害，不属于行使国家权利造成的损害，因此也不是国家赔偿的范围，受害者可以根据民事法律要求公有公共设施的管理者承担民事赔偿责任。

赔偿请求人请求国家赔偿的时效为两年，自国家机关及其工作人员行使职权时的行为被依法确认为违法之日起计算，但被羁押期间不计算在内。赔偿请求人在赔偿请求时效的最后 6 个月内，因不可抗力或者其他障碍不能行使请求权的，时效中止。从中止时效的原因消除之日起，赔偿请求时效期间继续计算。

2.国家赔偿责任的构成要件

国家赔偿责任的构成要件是指国家承担赔偿责任的必要条件，它包括侵权行为主体要件、侵权行为要件、损害结果要件和侵权行为与损害结果之间因果关系要件。只有在完全具备上述要件的情况下，国家才承担赔偿责任。

第一，主体要件。构成国家赔偿的侵权行为，其主体必须是国家机关或者其工作人员，因为他们与国家之间存在着一种职务委托关系。抽象的国家是通过国家机关及其工作人员行使职权实现各种国家目的的，因此，对违法行使职权的行为，国家承担赔偿责任。

依照国家赔偿法，构成国家赔偿的侵权行为，其主体还可以是法律、法规授权的组织及其工作人员和受行政机关委托的组织及其工作人员。

另外，自愿协助公务的人员在执行公务的范围以内所为的行为，国家也应当承担赔偿责任。比如某公民在协助警察追赶逃犯时将该逃犯打伤，国家应该对该行为造成的损失承担赔偿责任。

假冒公务人员"执行职务"造成他人损害的，由于假冒者与国家之间并不存在代理或委托关系，因而由假冒者个人赔偿受害人的损失，国家不承担赔偿责任。

第二，行为要件。构成国家赔偿的侵权行为，必须是执行职务的行为。对国家机关及其工作人员的非职务行为给公民、法人或其他组织权益造成损害的，国家不承担赔偿责任。

《国家赔偿法》第二条规定："国家侵权行为须是违法行使职权的行为"；最高人民法院《关于审理行政赔偿案件若干问题的规定》第一条规定："国家对行政机关及其工作人员所为的与行使职权有关的，给公民、法人或者其他组织造成损害的，违法行政职责的行为要承担赔偿责任。"

第三，损害结果要件。国家是否承担侵权责任，要看该行为是否造成特定人的损害。没有损害结果或没有损害特定人，国家就不必负责赔偿。国家机关及其工作人员的违法行为造成的损害应该是已经发生的、现实的，而不是未来的、主观臆想的，是直接损害，而不包括间接损害。

第四，因果关系要件。国家机关及其工作人员的违法行为与损害结果应存在逻辑的、直接的因果关系。

只有在以上四个条件均具备时，国家才对损害承担赔偿责任。

第 3 章　林农常见的林业法律相关问题

第 3 章 林农常见的林业法律相关问题

3.1 森林法相关基本概念

1.什么是森林法?

森林法是由国家制定,代表统治阶级意志,调整在从事森林的采伐利用、森林保护、培育种植、经营管理等活动中,国家机关、企事业单位和公民之间及公民相互间发所生的林业经济关系的法律规范。广义上,《中华人民共和国森林法》以及《宪法》、其他法律、行政法规和地方性法规中关于森林资源的规定,都属于森林法的范畴。狭义上,森林法是特指 1984 年 9 月 20 日通过的《中华人民共和国森林法》,于 1985 年 1 月 1 日起正式实施。

2.什么是森林资源?

《中华人民共和国森林法实施条例》第二条规定:"森林资源包括森林、林木、林地以及依托森林、林木、林地生存的野生动物、植物和微生物。"

森林:包括乔木林和竹林。

林木:包括树木和竹子。

林地:包括郁闭度 0.2 以上的乔木林地以及竹林地、灌木林地、疏林地、采伐迹地、火烧迹地、未成林造林地、苗圃地和县级以上人民政府规划的宜林地。

3.森林分几类?

《中华人民共和国森林法》第四条规定:"森林分为以下五类:防护林、用材林、经济林、薪炭林和特种用途林。"

4.什么是森林法的基本方针?

林业建设实行以营林为基础,普遍护林、大力造林、采育结合、永续利用的方针(以营林为基础,采育结合,造管并举,综合利用,全面发展)。

鼓励提高林业科技水平的方针(如天保工程资金)。

依法保护林农和承包造林者合法权益的方针。一是依法减轻林农的负担,禁止向林农违法收费、罚款、摊派和强制集资;二是国家依法保护单位和个人承包荒山而取得的林木所有权,依法享受其他承包权益包括维护承包合同,依法处置其所有的林木等权利。

在林业开发方面给民族自治地方优先权的方针。《森林法》第九条规定："国家省、自治区人民政府，对民族自治地方的林业生产建设，依照国家对民族自治地方自治权的规定，在森林开发、木材分配和林业基金使用方面，给予比一般地区更多的自主权和经济利益"。

对林业建设中成绩优异的单位和个人给予奖励的方针，对森林资源实行特殊保护的方针。① 对森林实行限额采伐，鼓励植树造林、封山育林，扩大森林覆盖面积；② 根据国家和地方人民政府有关规定，对集体和个人造林、育林给予经济扶持或者长期贷款；③ 提倡木材综合利用和节约使用木材，鼓励开发、利用木材代用品；④ 征收育林费，专门用于造林育林；⑤ 煤炭、造纸等部门，按照煤炭和木浆纸张等产品的产量提取一定数额的资金，专门用于营造坑木、造纸等用材林；⑥ 建立林业基金制度。

《森林法》的上述规定，实质上从三个方面强调了对森林资源的保护：

1）实行限额采伐，减少木材加工消耗，主要从森林的采伐和木材使用方面控制和尽量减少木材消耗，达到使森林资源能够休养生息、尽可能持续利用现有森林资源的目的。

2）鼓励植树造林、封山育林尽量扩大森林数量、提高覆盖率。

3）建立各种基金和收取专项费用扶持林业发展。基金和收取专项费包以下几个方面。

① 育林费（育林基金）：从木材、竹材和一部分林产品的销售收入中征收一定数量用来造林的资金。由林业部门统一征收，分级处理，专款专用。目前有两种形式：一是国有育林基金按第一次销售价 21%，由生产单位向用户提取；二是集体育林基金，按第一次卖出价 12% 由木材经营单位向生产者缴纳。

② 专门行业基金：对煤炭、造纸等用材量大的部门，分别由其销售产量中提取一部分资金，专门用于营造坑木、造纸等用材林。冶金、铁路、交通部门也应安排一些资金用于绿化工作，上述资金实行专款专用，由各级行业主管部门自行掌握。

③ 林业基金：由国家对林业的投资，各级财政的拨款、银行的贷款，按照规定提取的育林基金和更新改造资金，接受的捐款、赠款，经批准的其他资金组成，主要用于营林生产性开支，由各级林业部门按规定权限分级管理，专款专用。

④ 森林生态效益补偿基金：是国家用于提供生态效益的防护林和特种用途林的森林资源、林木营造、抚育、保护和管理的专项基金。森林生态效益补偿基金专款专用，不得挪作他用。森林生态效益补偿基金是 1998 年修改森林法后建立的，生态公益林补偿费就属于这种。

5.森林法的归属如何确认？

森林法属于法学的哪一个门类，仍然是法律科学中的一个探讨的问题。要明确这一问题，必须要明确林业资源的概念。《林业百科全书》对林业资源解释是：所谓资源是构成自然界的物质，是供人类生活的本质。森林资源有三个基本特征：① 森林资源是一种可以再生的资源，可以通过科学管理永续利用；② 林木生长周期长；③ 效用广泛，森林资源有直接提供林产品、涵养水源、护土、防风固沙等效益。因而认为森林法属于自然资源法的范畴，以法学研究的观点其依据如下：① 宪法规定了森林的自然资源的属性；② 森林法的核心内容是保护森林资源。

6.森林法的特点有哪些？

① 保护国家、集体、个人经营林业的合法权益。《森林法》规定："森林、林地的所有者和使用者的合法权益受法律保护，任何单位和个人不得侵犯。"② 体现了依法从严治林的思想。③ 把森林资源的严格管理和积极培育结合起来。④ 行政手段、经济手段、刑罚手段相互补充，保护林业发展。

7. 我国森林法的效力是什么？其适用范围是什么？

1）法律的时效是指法律何时生效、何时失效，以及在法定时间内对法律行为有约束力的问题。我国的森林法自施行时起发生法律效力。

2）法律的时效包括是否的溯及力问题，可以从狭义和广义两个方面来理解。狭义：指1985 年 1 月 1 日以后发生的行为生效，对以前发生行为不生效；广义：指新法优于旧法的原则。比如本法实施以前行为，如果当时的法律、法令不认为是犯罪的，适用当时的法律；如果当时的法律、法令认为是犯罪的，但是本法论著为不是犯罪或者处刑较轻的，适用本法。

3）法律地域效力。我国森林法关于地域的效力：指对在中华人民共和国领域内从事林业活动的行为均有约束力。这种地域的法律效力，并不是全国一成不变，也不是指版图领域，而是法律的适用范围。但是，在地域适用上，必须注意两个问题：一是香港和澳门特别行政区不适用国家的森林法，只有列入香港和澳门特别行政区基本法附件中的全国性法律才在两地适用；二是民族区域自治地区可以变通适用森林法。

8.我国森林法的内容是什么？

稳定林地、林木权属；森林的分类；林业生产的建设方针；森林保护措施；义务植树造林；多层次管理的规定；民族自治地方实行生产建设的优惠原则。

9.国家对森林资源采取哪些保护措施？

国家对森林资源实行以下保护性措施：

1）森林实行限额采伐，鼓励植树造林，封山育林，扩大森林覆盖面积。

2）根据国家和地方人民政府有关规定，对集体和个人造林、育林给予经济扶持或者长期贷款。

3）提倡木材综合利用和节约使用木材，鼓励开发、利用木材代用品。

4）征收育林费，专门用于造林育林。

5）煤炭、造纸等部门，按照煤炭和木浆纸张等产品的产量提取一定数额的资金，专门用于营造坑木、造纸等用材林。

6）建立林业基金制度。国家设立森林生态效益补偿基金，用于生态效益的防护林和特种用途林的森林资源、林木的营造、抚育、保护和管理。森林生态效益补偿基金必须专款专用，不得挪作他用。

3.2 林权相关问题

1.什么是林权？林权由什么组成？

林权在实践中有三种理解：一是指森林、林木的所有权，不包括林地的权属；二是森林、林木和林地的所有权，不包括使用权；三是指森林、林木和林地的所有权和使用权。根据我国《森林法》的规定以及我国林业发展的实践，第三种理解是比较适合实际，现在就是这个意义上使用林权这一概念。

森林、林木、林地的所有权由四个具体权利构成，即占有权、使用权、收益权和处分权。这四个具体权利的集合就是财产的所有权。在一般情况下，这四项具体权利是统一的，都由所有者来行使，但在实践中占有权、使用权或收益权由非所有人享有，也是不少见的。

2.什么是森林的所有权？包含哪些种类？

根据《宪法》和《森林法》的规定，在我国森林的所有权只有两种形式，即国家所有和集体所有。《宪法》第九条规定："矿藏、水流、森林、山岭、草原、荒地、滩涂等自然资源，都属于国家所有，即全民所有；由法律规定属于集体所有的森林和山岭、草原、荒地、滩涂除外。"《森林法》第三条也明确规定："森林资源属于国家所有，由法律规定属于集体所有的除外。"

在我国，从法律角度讲，森林资源包括森林、林木、林地以及依托森林生存的野生动植物和微生物。森林，包括乔木林、竹林和红树林。从这个角度讲我国现行法律不承认个人拥有森林的所有权，只承认个人对国有或集体所有的森林享有使用权和对林木拥有所有权。

3.国家森林所有权取得的方式有哪些？

① 依法通过没收、征收方式取得；② 通过立法直接取得（1950 年的《土地改革法》）；③ 通过培育森林取得；④ 通过接受遗产取得。

4.集体森林所有权取得的方式有哪些？

① 通过集体组织成员入股取得（20 世纪 50 年代的人民公社）；② 通过荒山造林方式取

得（森林取得的主要方式）；③ 通过承包造林协议取得；④ 通过接受遗产取得。

5.什么是林地的所有权和使用权？行使时需注意什么？

根据《宪法》规定，在我国土地的所有权只有两种，即国家所有和集体所有，法律不承认土地的个人所有权。林地是土地的一种，其所有权的形式当然也只有两种。《宪法》第十条明确规定："城市的土地属于国家所有；农村和城市郊区的土地，除由法律规定属于国家所有的以外，属于集体所有；宅基地和自留地、自留山也属于集体所有。"

在行使林地所有权和使用权时，必须注意两个问题：一是森林、林木的所有权与林地的所有者有时是统一的，有时是分离的。因此，在实践中不能单凭森林的权属来判断林地的权属，也不能只凭林地的所有权去认定森林的所有权；二是林地的使用者，因为只享有使用权，所以无权处置林地，无权买卖、非法转让或随意改变林地的性质及用途。否则，其行为就是违法的。

6.什么是林木的所有权？其取得方式有哪些？

林木是指零星、数量少、面积小的树木和竹子。根据《森林法》的规定，林木的所有权在我国有三种形式，即国家所有、集个体所有和个人所有。

公民个人的林木所有权的取得形式主要有：① 根据《森林法》的规定取得，无论居民住的是公房还是私房，其在庭院内所种林木，应承认其个人所有权；② 通过财产继承取得；③ 通过购买方式取得；④ 通过其他方式取得，如公民可以通过赠予、交换等合法方式取得林木所有权。

7. 山林权属应如何确认？

1）集体所有的森林、林木和林地由所有者向所在地的县级人民政府林业主管部门提出登记申请，由该县级人民政府登记造册，核发证书，确认所有权。

2）单位和个人所有的林木，由所有者向所在地的县级人民政府林业主管部门提出登记申请，由该县级人民政府登记造册，核发证书，确认林木所有权。

3）使用集体所有的森林、林木和林地的单位和个人，应当向所在地的县级人民政府林业主管部门提出登记申请，由该县级人民政府登记造册，核发证书，确认森林、林木和林地使用权。

8.什么是林权证？

根据《森林法》的有关规定，国家依法实行森林、林木和林地登记发证制度，依法登记的森林、林木和林地的所有权、使用权受法律保护，任何单位和个人不得侵犯，即林权证。林权证是森林、林木和林地所有权或使用权的法律凭证。

9.林权证由何种机关发放?

县级以上的人民政府。同时,《森林法》还规定了国务院可以授权国务院主管部门(如国家林业局),对国务院确定的国家所有重点林区的林地登记造册,发放证书,并通知有关人民政府。依法改变森林、林木和林地所有权、使用权的,应当办理变更登记手续。

10.林权证的发放条件有哪些?

① 有关图表完整、资料齐全 ;② 林地的界线、边界标志清楚 ;③ 申请材料与实际情况相符 ;④ 森林、林木和林地的权属无争议。

11.国家所有的森林、林木和林地的林权证发放有何规定?

1)使用国务院确定的国家所有的重点林区的森林、林木和林地的单位和个人,应当向国务院林业主管部门提出登记申请,由国务院林业主管部门登记造册、核发证书,确认森林、林木和林地使用权以及由使用者所有的林木所有权。

2)使用国家所有的跨行政区域的森林、林木和林地的单位和个人,应当向有关行政区域共同的上一级人民政府林业主管部门提出登记申请,由该人民政府登记造册,核发证书,确认森林、林木和林地使用权以及由使用者所有的林木所有权。

3)使用国家所有的其他森林、林木和林地的单位和个人,应当向县级以上人民政府林业主管部门提出登记申请,由县级以上人民政府登记造册,核发证书,确认森林、林木和林地使用权以及使用者所有的林木所有权。

4)未确定使用权的国家所有的森林、林木和林地,由县级以上人民政府登记造册,负责保护管理。

12.集体所有的森林、林木和林地的林权证发放有何规定?

集体所有的森林、林木和林地,由所有者向县级人民政府林业主管部门提出登记申请,核发证书,确认所有权。

13.个人所有林木的林权证发放有何规定?

依法由单位和个人所有的林木和使用的集体所有森林、林地,由林木所有者和森林、林地使用者向县级人民政府林业主管部门提出登记申请,由本级人民政府登记造册,核发证书,确认林木所有权和森林、林地使用权。

14.林权纠纷如何处理?

根据《森林法》的规定,林权纠纷的解决方式有三种 :① 协商处理 ;② 政府调处 ;③ 司法解决。

15.林地保护规划背景是什么?

我国在联合国气候变化峰会上提出到 2020 年森林面积和蓄积分别比 2005 年增加 $4×10^7$ 公顷和 $13×10^8$ 立方米的目标,要把林地与耕地放在同等重要的位置。

16. 林地保护规划任务是什么?

① 查清林地利用现状和发展潜力,将现有林地和规划用于林业发展的其他土地分解到乡镇,并落实到山头地块,建立林地管理档案;② 明确林地保护利用的目标和任务;③ 分解林地保护利用规划目标,进行林地保护利用的分区、分类、分级、分等,优化县域内的林地结构(公益林地和商品林地,天然林和人工林等)和空间布局;④ 明确林地保护的对象、内容和措施;⑤ 明确林地利用的方向、内容和措施;⑥ 建立健全林地保护利用管理机制和措施。

17.集体林权改革的原因是什么?

产权不明晰、经营主体不落实、经营机制不灵活、利益分配不合理等问题仍普遍存在,制约了林业的发展。为进一步解放和发展林业生产力,发展现代林业,增加农民收入,建设生态文明,就应对现有集体林权制度进行改革。

18.集体林权改革的指导思想是什么?

大力实施以生态建设为主的林业发展战略,不断创新集体林业经营的体制机制,依法明晰产权、放活经营、规范流转、减轻税费,进一步解放和发展林业生产力,促进传统林业向现代林业转变,为建设社会主义新农村和构建社会主义和谐社会作出贡献。

19.集体林权改革的基本原则是什么?

① 坚持农村基本经营制度,确保农民平等享有集体林地承包经营权;② 坚持统筹兼顾各方利益,确保农民得实惠、生态受保护;③ 坚持尊重农民意愿,确保农民的知情权、参与权、决策权;④ 坚持依法办事,确保改革规范有序;⑤ 坚持分类指导,确保改革符合实际。

20.集体林权改革的总体目标是什么?

用 5 年左右时间,基本完成明晰产权、承包到户的改革任务。在此基础上,通过深化改革,完善政策,健全服务,规范管理,逐步形成集体林业的良性发展机制,实现资源增长、农民增收、生态良好、林区和谐的目标。

21.集体林权改革的任务有哪些?

1)明晰产权。在坚持集体林地所有权不变的前提下,依法将林地承包经营权和林木所有权,通过家庭承包方式落实到集体经济组织的农户,确立农民作为林地承包经营权人的主体地位。林地的承包期为 70 年。承包期届满，可以按照国家有关规定继续承包。

2）勘界发证。确认承包关系后，要依法进行实地勘界、登记，核发全国统一式样的林权证，做到林权登记内容齐全规范，数据准确无误，图、表、册一致，人、地、证相符。

3）放活经营权。实行商品林、公益林分类经营管理。对商品林，农民可依法自主决定经营方向和经营模式，生产的木材自主销售。对公益林，在不破坏生态功能的前提下，可依法合理利用林地资源，开发林下种养业，利用森林景观发展森林旅游业等。

4）保障收益权。农户承包经营林地的收益，归农户所有。征收集体所有的林地，要有偿使用。经政府划定的公益林，已承包到农户的，森林生态效益补偿要落实到户；未承包到农户的，要确定管护主体，明确管护责任，森林生态效益补偿要落实到本集体经济组织的农户。

5）落实处置权。在不改变林地用途的前提下，林地承包经营权人可依法对拥有的林地承包经营权和林木所有权进行转包、出租、转让、入股、抵押或作为出资、合作条件，对其承包的林地、林木可依法开发利用。

6）落实责任。承包集体林地，要签订书面承包合同，合同中要明确规定并落实承包方、发包方的造林育林、保护管理、森林防火、病虫害防治等责任，促进森林资源可持续经营。基层林业主管部门要加强对承包合同的规范化管理。

22.林权改革的政策措施有哪些？

1）完善林木采伐管理机制。编制森林经营方案，改革商品林采伐限额管理，实行林木采伐审批公示制度，简化审批程序，提供便捷服务。严格控制公益林采伐，依法进行抚育和更新性质的采伐，合理控制采伐方式和强度。

2）规范林地、林木流转。在依法、自愿、有偿的前提下，林地承包经营权人可采取多种方式流转林地经营权和林木所有权。流转期限不得超过承包期的剩余期限，流转后不得改变林地用途。加强森林资源资产评估管理，加快建立森林资源资产评估师制度和评估制度，规范评估行为，维护交易各方合法权益。

3）建立支持集体林业发展的公共财政制度。

4）推进林业投融资改革。

5）加强林业社会化服务。

3.3 森林经营管理的相关法律规定

1.林种如何划分？

1）防护林，是指以防护为主要目的的森林、林木和灌木丛，包括水源涵养林、水土保护林、防风固沙林、护岸林、护路林以及农田防护林、牧场防护林；

2）用材林，是指以生产木材为主要目的的森林和林木，包括以生产竹材为主要目的的竹林；

3）经济林，是指以生产果品、食用油料、饮料、调料、工业原料和药材等为主要目的的林木；

4）薪炭林，是指以生产燃料为主要目的的林木；

5）特种用途林，是指以国防、环境保护、科学实验等为主要目的的森林和林木。

2. 土地种类如何划分？

1）林地包括：① 有林地；② 疏林地；③ 灌木林地；④ 未成林造林地；⑤ 苗圃地；⑥ 无立木林地；⑦ 宜林地；⑧ 林业生产辅助用地。

2）非林地，指林地以外的耕地、牧草地、水域、未利用地和建设用地。

3. 什么是森林分类区划？各分类又如何界定？

森林分类区划界定是依据森林分类体系，按照森林主导功能的不同将林地划分为公益林和商品林两大类别，逐一落实到山头地块。通过区划界定，以便对主导功能不同的林地进行分类经营管理。

（1）公益林

公益林是指以保护和改善人类生存环境、维持生态平衡、保存物种资源、科学实验、森林旅游、国土保安等需要为主要经营目的的有林地、疏林地、灌木林地和其他林地，包括防护林和特种用途林。公益林按事权等级划分为重点公益林和地方公益林。公益林按保护等级划分为特殊、重点和一般三个等级。

公益林一经划定，应保持其面积、位置、范围、界限相对固定。未经规定程序和有权机关批准，不得随意调整公益林面积。因违反规定调整公益林面积和位置，要追究有关责任人的责任。具体来说：一是公益林补进和调出公益林要尊重林农意愿；二是国家公益林的补进和调出，必须按照《国家林业局财政部关于印发〈国家级公益林区划界定办法〉的通知》（林资发〔2009〕214号）规定的条件和程序进行；三是区划界定前原林种为防护林和特种用途林的，原则上不得调出；四是集体（含由林农经营管理的）公益林一经划定并纳入森林生态效益补偿，原则上不得再调出；经批准调出的，非特定事由不得再补进公益林。

（2）商品林

以生产木材、薪材、干鲜果品和其他工业原料等为主要经营目的的有林地、疏林地、灌木林地和其他林地，包括用材林、薪炭林和经济林。

4.什么森林可以转让?

《中华人民共和国森林法》第十五条规定：下列森林、林木、林地使用权可以依法转让，也可以依法作价入股或者作为合资、合作造林、经营林木的出资、合作条件，但不得将林地改为非林地：

1）用材林、经济林、薪炭林。

2）用材林、经济林、薪炭林的林地使用权。

3）用材林、经济林、薪炭林的采伐迹地、火烧迹地的林地使用权。

4）国务院规定的其他森林、林木和其他林地使用权。

5. 森林资源转让如何操作?

森林资源转让不包括森林内的野生动物、矿藏物和埋藏物。

1）森林资源转让采取拍卖、招标、协议方式进行，但国有森林资源的转让不得采取协议方式。

2）集体森林资源的转让，须经集体经济组织代表会议或村民代表会议讨论通过。

3）转让森林资源应具备以下条件：① 持有转让的林木所有权证书或林地使用权证书；② 持有有权部门同意转让的文件；③ 转让合资、合作经营的森林，必须征得合资、合作各方同意。

6.森林经营者有什么权益?

《中华人民共和国森林法实施条例》第十五条规定："国家依法保护森林、林木和林地经营者的合法权益。任何单位和个人不得侵占经营者依法所有的林木和使用的林地。"

用材林、经济林和薪炭林的经营者，依法享有经营权、收益权和其他合法权益。

防护林和特种用途林的经营者，有获得森林生态效益补偿的权利。

7.什么是森林分类经营管理制度?

森林分为公益林和商品林。公益林包括防护林和特种用途林，由各级人民政府组织管理和保护；商品林包括用材林、经济林和薪炭林，由经营者依法自主经营，自负盈亏。

8.森林资源流转的形式有哪些?

目前，森林、林木、林地的转让主要有三种：一是活立木拍卖和林木采伐权的转让；二是林地使用权和林木所有权的转让；三是林地使用权的租赁经营。

森林、林木、林地作价入股或作为合资、合作的主要形式为：一是林地使用权、林木折价入股，组建股份制林场或股份制公司；二是将林地使用权作为中方出资与外资进行合作开发或建立企业。

9.哪些森林资源资产允许产权变动?

① 林种,包含:用材林、经济林、薪炭林;② 地类,包含:有林地、疏林地、灌木林地、未成林造林地、苗圃地、无林地、林业企业、事业单位经营管理的其他土地。

10.哪些森林资源资产不允许产权变动?

① 防护林;② 特种用途林;③ 权属不清或有争议的森林、林木和林地;④ 有规定不能变动产权的其他森林资源,如自然保护区。

11.宜林荒山荒地转让有何注意事项?

1)具有以下情况不得转让:① 依法划给农户使用而未完成绿化栽植任务的自留山;② 土地权属不清或有争议的;③ 国家建设需要,并拟占用或征用的。

2)国家、集体所有宜林荒山荒地使用权可以有偿转让,以有偿转让取得使用权的荒山荒地可以再转让。

12.森林资源资产变动单位应提交哪些材料?

① 资信证明(如营业执照、法人身份证、购买能力证明);② 林权证;③ 森林资源资产评估报告;④ 森林资源资产评估结果确认书;⑤ 设计林地转变成非林地的,应提交林地许可证;⑥ 产权变动或协议。

13.什么是森林资源资产评估?

森林资源资产评估是指评估人员依据相关法律、法规和资产评估准则,在评估基准日,对特定目的和条件下的森林资源资产价值进行分析、估算,并发表专业意见的行为和过程。

14.森林资源资产评估包含哪些评估对象?

森林资源资产,包括森林、林木、林地、森林景观资产以及与森林资源相关的其他资产。

15.森林资源资产的评估办法有哪些?(以四川省为例)

(1)总的原则

国有森林资源资产评估项目和非国有森林资源资产评估项目中涉及国家和四川省重点公益林的以及对四川省森林资源有重大影响的评估项目,实行核准制,由省林业主管部门核准。除须实行核准以外的其他评估项目实行备案制,由森林资源资占有单位按规定报备。

(2)评估范围

非国有森林资源资产是否进行资产评估,由当事人自行决定,涉及国家和四川省重点公益林的以及对四川省森林资源有重大影响的,应当进行资产评估。

国有森林资源资产占有单位有下列情形之一的,应当进行资产评估:森林资源资产转让、置换；森林资源资产出资进行中外合资或者合作；森林资源资产出资进行股份经营或者联营；森林资源资产从事租赁经营；森林资源资产抵押贷款、担保或偿还债务；收购非国有森林资源资产；涉及森林资源资产诉讼；法律、法规规定需要进行评估的其他情形。

（3）评估机构的要求

1）从事国有森林资源资产评估业务的资产评估机构，应具有财政部门颁发的资产评估资格，并有 2 名以上（含 2 名）森林资源资产评估专家参加，方可开展国有森林资源资产评估业务。

2）森林资源资产评估专家由国家林业局与中国资产评估协会共同评审认定。经认定的森林资源资产评估专家进入专家库，并向社会公布。

3）资产评估机构出具的森林资源资产评估报告，须经 2 名注册资产评估师与 2 名森林资源资产评估专家共同签字方能有效。签字的注册资产评估师与森林资源资产评估专家应对森林资源资产评估报告承担相应的责任。

4）资产评估机构和森林资源资产评估专家从事评估业务应当遵守保密原则，保持独立性。与评估当事人或者相关经济事项有利害关系的，不得参与该项评估业务。

16.森林资源清查的法律规定有哪些？

1）一类调查（连续森林资源清查、全国森林资源调查），国家森林资源清查，或大区性的森林资源清查，由林业部安排实施，一般五年一次。

2）二类调查（森林经理调查，规划设计调查），每十年一次，特殊情况下可提前进行。

3）三类调查（施工设计调查），是林业基层生产单位为满足伐区设计、造林作业设计、林分抚育设计、间伐设计、林分改造设计、森林保护设计等需要而进行的调查。

17.什么是森林经营方案？

森林经营方案，是以国有林业局、国有林场、牧场、自然保护区、工矿区、农村集体经济组织、个人林业经营者为单位，在长远规划指导下编制的科学经营森林的指导性文件。其主要内容是：森林经营原则和措施，造林、森林抚育、林分改造、林木采伐，多种经营等项目规划、设计。一般每十年编制一次。

3.4 征用、占用林地的相关法律规定

1.什么是征用林地？有何法律特征？

征用林地是指全民所有制单位（国有企事业单位、机关、团体、部队等单位）因进行勘查、开采矿藏和各项建设工程的需要依法有偿地使用集体所有的林地。

征用林地的法律特征：①林地的所有权发生改变；②林地的使用权发生改变。

2.什么是占用林地？有何法律特征？

占用林地是指全民所有制单位（国有企事业单位、机关、团体、部队等单位）因进行勘查、开采矿藏和各项建设工程的需要，依法使用国家所有的林地。

占用林地的法律特征：①林地所有权不发生改变，我国法律规定不允许土地买卖；②林地的使用权发生改变。

3. 征用、占用林地的原则有哪些？

①坚持实事求是的原则；②坚持不占、少占林地的原则；③坚持少占永久性占地的原则；④有偿使用的原则。

4.征用、占用林地的种类有哪些？

永久性占（占地2年以上）和临时占地。

5.征用、占用林地有何法律依据？

国务院主管部门或者县级以上人民政府按照国家基本建设程序批准的设计任务书或者其他文件。如四川省发展改革委员《关于同意开展广元市白龙江干流昭化水电站前期工作的通知》，四川省水利厅以"川水函〔2009〕610号"下发的《四川省水利厅关于〈达州市宣汉县白岩滩水库工程可行性研究报告审查意见〉的函》。

6.办理征占用林地手续时限是多少？

在市州级林业主管部门权限范围内审批的办结时限为三十天，在省级林业主管部门权限范围内审批的办结时限为五十天，在国家林业主管部门审批的办结时限为九十天。

7.征用、占用林地的审核权限有哪些？

省级及其以上的国家林业主管部门。根据面积和林种的不同，审核机关不同：

1）面积70公顷以上的，由国家林业局审核。

2）特种用途林或防护林10公顷以上的，由国家林业局审核。

3）其他由省林业主管部门审核。

8.临时占用林地允许使用时间为多长？

不超过两年。

9.临时占用林地能否修筑永久性建筑物？

不能。

10.征用、占用林地有何补偿标准?

根据《中华人民共和国森林法实施条例》和国务院办公厅国办法〔1992〕32 号,以及国家物价局、财政部的有关政策规定,占用征用林地单位应按规定交纳森林植被恢复费、林地、林木补偿费和安置补偿等。

1)森林植被恢复费:①用材林、经济林 6.0 元 /㎡;②国家重点公益林 10.0 元 /㎡;③防护林、特种用途林 8.0 元 /㎡;④未成林造林地 4.0 元 /㎡;⑤疏林地、灌木林地 3.0 元 /㎡;⑥宜林地 2.0 元 /㎡;⑦苗圃地 6.0 元 /㎡。

2)林地补偿费:按使用林地在地前三年旱地平均产值的 5 倍进行补偿。

3)林木及附着物补偿费(以雅安市为例):①用材林按主伐标准出材量每亩 $10m^3$,按 400 元 /m^3 计算,即 60000 元 /hm^2;②防护林按用材林的 2 倍即 120000 元 /hm^2 补偿;③特种用途林按用材林林木补偿标准 3 倍即 180000 元 /hm^2 补偿;④未成林造林地林木补偿按实际造价加上 200 元 / 年的管护费用计算补偿;⑤苗圃地按每亩 4000 ~ 8000 元 /hm^2 的标准的低限即 4000 元 /hm^2 补偿;⑥经济林按每亩 5000 元 / 亩补偿;⑦灌木林地按 30000 元 /hm^2 补偿;⑧宜林地按 500 元 / 亩补偿。

4)安置补偿费(仅计算永久占地):按相邻耕地前三年平均产值的 3 倍补偿。

5)退耕还林补助费:按国家标准计算,即第 1 年 280.0 元,第 2 ~ 8 年 230.0 元。

11.征用、占用林地应具备哪些材料?

1)占用征用林地的建设单位法人证明,个人为身份证。

2)《使用林地申请表》要求表格内容完整、填写规范。

3)建设项目批准文件。

4)被占用或者被征用林地的权属证明材料。

5)有资质的林业调查规划设计法人单位作出的项目使用林地可行性报告,且报告内容应当符合有关可行性报告编制的要求。

6)建设单位与被征占用林地单位或个人签订的林地、林木补偿和安置补助费协议。

7)其他相关材料,如保护树种的移栽方案等。

8)需申请采伐被征占用林地上林木的项目还应提交采伐作业设计。

9)当地县级以上林业主管部门组织有资质的林业调查规划设计单位所作的《现场查验报告》,县级以上林业主管部门填写的征占用林地现场查验和初审。

10)当地县级林业主管部门组织林业调查规划设计单位编制的恢复森林植被措施和意见表。

11)市、县级林业行政主管部门用正式文件上报的审查意见。

12）组织机构代码。

12.什么是征用、占用林地的划拨机关？

县级上的国土部门。

13.征用、占用林地的有何特殊规定？

①省级批准的非基础性项目不得占用公益林；②以下项目在一定条件内属于限制性用地，如党政机关新建办公楼项目、城市游憩集会广场项目、住宅项目、黄金项目、农林业项目。

3.5 森林采伐的相关法律规定

1.关于采伐量和采伐限额的法律规定有哪些？

1）控制年采伐量的原则：国家根据用材林的消耗量低于生长量的原则控制森林年采伐量。

2）制定年采伐限额的范围：采伐国家所有的森林和林木，采伐集体所有的森林和林木，采伐个人所有的林木，全部属于采伐限额控制的范围。

3）制定年采伐限额的程序：单位拟定年采伐限额指标，经省、自治区、直辖市林业主管部门汇总，报同级人民政府审核后再报国务院批准。

4）国务院批准的年森林采伐限额是有法律强制力的森林采伐控制指标，不得突破，年采伐限额每五年调整一次。

2.关于森林采伐方式和对象的法律规定有哪些？

1）成熟的用材林应根据不同情况，分别采取择伐、皆伐和渐伐方式，皆伐应当严格控制，并在采伐的当年或次年内完成更新造林。

2）防护林和特种用途林中的国防林、母树林、环境保护林、风景林，只准进行抚育和更新性质的采伐。

3）特种用途林中的名胜古迹和革命纪念地的林木，自然保护区的森林，严禁采伐。

3.什么是林木采伐许可证？

林木采伐许可证是采伐林木的单位或者个人依照法律规定办理的准许采伐林木的证明文件。林木采伐许可证也是控制采伐量的重要手段和证明林木合法来源的法律文件，即我国实行凭证采伐。

4.哪些林木采伐必须办理林木采伐许可证？

《中华人民共和国森林法》第三十二条规定：采伐林木必须申请采伐许可证，按许可证的规定进行采伐；农村居民采伐自留地和房前屋后个人所有的零星林木除外。

1）国有林业企业事业单位、机关、团体、部队、学校和其他国有企业事业单位采伐林木，由所在地县级以上林业主管部门依照有关规定审核发放采伐许可证。

2）铁路、公路的护路林和城镇林木的更新采伐，由有关主管部门依照有关规定审核发放采伐许可证。

3）农村集体经济组织采伐林木，由县级林业主管部门依照有关规定审核发放采伐许可证。

4）农村居民采伐自留山和个人承包集体的林木，由县级林业主管部门或者其委托的乡、镇人民政府依照有关规定审核发放采伐许可证。

5）采伐以生产竹材为主要目的的竹林，适用以上各款规定。

5.采伐森林和林木必须遵守哪些规定？

《中华人民共和国森林法》第三十一条规定，采伐森林和林木必须遵守下列规定：

1）成熟的用材林应当根据不同情况，分别采取择伐、皆伐和渐伐方式，皆伐应当严格控制，并在采伐的当年或者次年内完成更新造林。

2）防护林和特种用途林中的国防林、母树林、环境保护林、风景林，只准进行抚育和更新性质的采伐。

3）特种用途林中的名胜古迹和革命纪念地的林木、自然保护区的森林，严禁采伐。

6.林木采伐许可证发放的机关有哪些？

（1）国有企事业单位林木采伐证的发放

1）县级国营林业企事业单位采伐林木,由所在地县级以上林业主管部门发放采伐许可证。

2）省、自治区、直辖市和设区的市、自治州所属的国有林业单位，由所在地的省、自治直辖市林业主管部门或者授权的单位发放。

3）国务院确定的国家所有的重点林区的国有林业单位，由国务院林业主管部门或者其授权单位发放。

（2）铁路、公路及其他部门的林木采伐许可证的发放

铁路、公路护路林和城镇林木属特殊的防护林，只能进行更新性质采伐，由林业主管部门或者铁路、公路和园林部门按照有关规定发放林木采伐许可证。

（3）农村集体经济组织的林木采伐许可证的发放

由所在地县级林业主管部门审核、发放采伐许可证。

（4）农村居民的林木采伐许可证的发放

由县级林业主管部门或者委托的乡镇人民政府依有关规定审核发放采伐许可证。

（5）采伐竹子的采伐许可证的发放

采伐以生产竹材为目的竹林需要申请采伐许可证，审核发放机关与上述规定相同。

7.采伐哪些林木需要办理采伐许可证?

根据《森林法》和《森林法实施条例》的规定,除采伐不以生产竹材为目的竹子和农村居民采伐自留地、房前屋后的林木以外,采伐任何林木都要申请林木采伐许可证,并按照许可证规定的地点、面积、树种、方式、期限进行的采伐。

8.何时发放林木采伐许可证?

在接到采伐申请后,除特殊情况外,应当在一个月内办理完毕。

9.林木采伐许可证数量控制的法律规定有哪些?

审核发放林木采伐许可证的部门,不得超过批准的年采伐限额发放采伐许可证。

10.申请林木采伐许可证有何条件?

1)国有林业企事业单位申请采伐许可证时,必须提出伐区调查设计文件,并按有关法规规定提交上年更新验收证明和有关部门核定的木材生产计划。

2)其他单位申请森林采伐许可证时,必须提出有采伐目的、地点、林种林况、面积、蓄积、方式和更新措施等内容文件。还要提交本年度木材生产计划,部队提交师以上领导机关同意采伐的文件,农村集体和个人提交基层林业站核定的年度木材采伐指标。上年进行过采伐的任何单位都要附更新验收合格证。

11.林木采伐许可证发放的注意事项有哪些?

有下列情形之一的,不得核发林木采伐许可证:

1)无林权证或山林权属不清、山林权属有争议的。

2)不按规定提交有关文件或提交的文件与实际情况不符的。

3)申请采伐禁止采伐的森林、林木和封山育林地区林木的。

4)上年度超计划采伐林木或未完成更新造林任务的。

5)上年度发生重大盗伐滥伐森林案件、重大森林火灾,或发生主要森林病虫害未采取防治措施的。

12.采伐许可证的发放程序是什么?

①审查申请;②现场调查;③领导审批;④填发采伐许可证。

林木采伐许可证应逐项规范填写,不得漏填、错填和涂改。采伐面积和蓄积数据一律使用大写汉字。

13.采伐后更新造林的法律规定有哪些?

为了保证森林资源的永续利用,在采伐森林、林木后必须及时补充后备森林资源,《森林法》第三十五条作出了采伐后必须进行更新造林的规定。

采伐林木的单位和个人在采伐后：一是必须按照采伐证规定的面积、株数、树种、期限进行更新造林；二是更新面积和株数不得少于采伐面积和株数。

14.采挖移植树木管理的相关规定有哪些？

树木，包括乔木、灌木、可再生树桩和树根及其他植物。

1）凡采挖移植树木必须经当地县级以上林业主管部门批准。采挖移植苗圃地、自留地和农村居民房前屋后个人所有零星树木及另有规定的树木除外。县级以上林业主管部门要按照国家有关林木采伐和珍贵野生植物及古树名树保护的有关规定对采挖移植树木实施严格的管理和监督。

2）凡属下列条件之一的树木严禁实施采挖移植活动：① 特种用途林中的名胜古迹和革命纪念地的林木，自然保护区核心区和缓冲区内的树木。② 列入国家重点保护名录的一级野生植物以及经县以上林业主管部门批准列入名树、古树名录的树木。③ 经国家林业局认定或经国务院批准的特种用途林和重点防护林中的树木。④ 立地条件极差，土层平均土层厚度不足 30 厘米及其他难以植树造林地域的树木。⑤ 坡度 26 度以上（含 26 度）的林地内的树木。⑥ 公益林中的天然林。⑦ 岩石裸露、干旱瘠薄及其他生态地位极端重要、生态环境极端脆弱的特殊保护和重点保护区的树木。⑧ 经县级以上林业主管部门规定严禁采挖移植的其他树木。

3）凡属下列条件之一的树木从严控制采挖、移植活动：① 自然保护区的试验区及自然保护区以外的珍贵树木和林区内具有特殊价值的植物资源。② 公益林中的人工林及天然商品林。③ 胸径大于 10cm（不含 10cm）的树木。④ 近 10 年年均降水量低于 400mm 县（区）的树木。⑤ 郁闭度在 0.20 ～ 0.60 的森林中的树木。

4）树木的采挖移植必须由林权所有者向县级以上林业主管部门提出申请，提交采挖作业设计，同时要有保证林地和植被恢复的措施，经林业主管部门批准，办理林木采伐许可证。核发林木采伐许可证时，要在采伐许可证中标注"树木采挖"。

5）采挖移植国家重点保护野生植物要按照《森林法》《野生植物保护条例》《国家林业局关于实行国家重点保护野生植物采集证有关问题的通知》的规定，办理相关手续。

6）树木的采挖移植必须由具备设计资质的林业调查设计单位编制采挖移植作业设计。

7）坡度 15°以上（含 15°）的林地经批准实施采挖树木与灌木活动后，5 年内不得再批准该地实施采挖活动。任意两株采挖树木间距不得小于 5m。在坡度低于 15°的林地采挖树木及其他植物也要严格控制，具体标准可由市、县林业主管部门规定。在地势平坦且土层较厚的人工商品林及苗圃地采挖树木可不受采挖次数和强度的限制。

8）采挖移植树木时，森林经营单位或个人及林业主管部门要指定专人到现场指导、监督树木采挖移植活动。

9）采挖树木的单位及个人必须采取土壤回填等林地、植被保护与恢复措施，依法缴纳林业规费。凡对林地土壤或林木造成破坏，由林业主管部门代为恢复和补种，所需费用由采挖树木的单位和个人支付。

10）采挖的树木运输时，必须到县级以上林业主管部门办理木材运输证明及检疫证明。无运输证明的木材检查站可依照有关法律法规的规定予以制止和处理。

11）以营利为目的经营（加工）采挖树木必须经县级以上林业主管部门批准，任何单位和个人不得收购未经批准采挖的树木。

12）未经批准擅自采挖、运输、收购采挖树木，或者因采挖树木造成林地、林分、林相、植被破坏的，要依照有关林木采伐、林地管理、木材运输和收购的法律法规的规定进行处罚。

15.森林采伐的改革方向是什么？

改革试点的主要任务：坚持一条主线，突出两个重点，抓好四项工作，把握五个结合。坚持一条主线，就是促进森林可持续经营。两个重点，一是建立便捷高效的森林采伐审批机制；二是实现森林采伐由指标管理向森林可持续经营管理转变。四项工作，一是改革森林采伐限额管理，探索森林资源消耗管理的新途径；二是改革森林采伐管理方式，探索建立森林采伐分类管理的新机制；三是简化森林采伐审批环节，探索建立高效管理的新模式；四是加强科学经营管理指导，探索建立森林可持续经营管理的新体系。五个结合，一是改革试点要与集体林权制度改革结合起来；二是改革试点要与探索建立现代林业资源管理新机制结合起来；三是改革试点要与社会主义新农村建设结合起来；四是改革试点要与当地经济社会发展水平结合起来，五是改革试点要与采伐限额编制结合起来。

16.《关于改革和完善集体林采伐管理的意见》的主要内容有哪些？

1）非林业用地林木采伐不纳入限额管理。非林业用地上的林木，不纳入采伐限额管理，由经营者自主经营、自主采伐。

2）突出了森林经营方案的地位。意见明确了依据森林经营方案核定年森林采伐限额，鼓励森林经营者按照森林可持续经营原则编制森林经营方案。

3）简化了森林采伐的类型。意见规定，商品林采伐类型简化为主伐、抚育采伐和其他采伐；公益林采伐类型简化为抚育采伐、更新采伐和其他采伐；将低产（低效）林改造、灾害性采伐及征占林地等非常规性采伐分别纳入其他采伐。

4）简化了森林采伐管理环节。意见要求基层林业工作站协助经营者办理林木采伐许可证，要求林业部门提供"一站式"服务。

5）改变了森林采伐管理方式。意见提出，实行伐区简易设计，将林业主管部门以往对森林采伐实行"伐前设计、伐中检查、伐后验收"的全过程管理,调整为"森林经营者伐前、伐中和伐后自主管理,林业主管部门提供指导服务和监督管理"。

6)推行了森林采伐公示制度。意见要求各级林业主管部门要推行森林采伐公示制度,保障采伐指标分配科学、公平、公开、公正。

7)实行了采伐限额"蓄积量"单项控制。意见将采伐限额由"蓄积量、材积量"双项控制调整为蓄积量单向控制。

8)允许经营期内采伐指标结转。意见规定,商品林各项指标可以在"五年"采伐限额执行期内,向后各年度结转使用。

9)实行了年度木材生产计划备案制。意见针对集体林提出,将年度木材生产计划由原来的审核审批制改为备案制。

3.6 木材运输的相关法律规定

1.什么是木材运输证件?

木材运输证件是从林区运出木材的合法凭证,木材运输证上注明树种、材种规格、起止地点、运输方式、运输有效期等内容。实行木材凭证运输制度,是防止非法采伐的木材从产区流向销区的重要措施。从林区运出木材,必须持有林业主管部门发给的运输证件,国家统一调拨的除外。

2. 如何界定木材的含义?

①国家标准和行业标准所列全部木材;②大宗木制成品和半成品;③从林区向外运的旧房料和薪材;④大宗竹材及竹制成品和半成品;⑤活立木,木材生产单位在原木生产过程中运输木材不包含在内。

3.运输木材需要办理什么手续?

《森林法》规定:运输木材必须持有县级以上人民政府林业主管部门核发的木材运输证件。木材运输证件是从林区运出木材的合法凭证,木材运输证上注明树种、材种规格、起止地点、运输方式、运输有效期等内容。

4.木材的范围有哪些?

木材包括:原木、锯材、竹材、木片、胶合板、商品薪材、木炭、大宗木竹半成品等其他林产品。

5.木材运输证发放的机关有哪些?

木材运输证由县级以上的林业主管部门发放,并实行分级核发。①在市、地、州行政区域内运输的，由起运地的县林业行政主管部门核发；②跨市、地、州行政区域运输的，由起运地所在的市、地、州林业行政主管部门核发；③出省运输的，由省林业行政主管部门核发。

林业行政主管部门可以将本级核发木材运输证的权限委托下级林业行政主管部门行使。

6.木材运输证的办理应具备哪些条件?

1）合法来源证明。

2）木材检尺码单等数量证明，木材经营、加工单位向外地运销木材的应当出示县级以上林业行政主管部门核发的木材经营许可证和工商行政主管部门核发的营业执照（副本）。

3）直接向木材生产者购买木材的，应当出示交纳有关费金的票据。

4）国家和我省规定应施检疫的，应当出示检疫证明。

7.木材合法的证明材料有哪些?

1）木材采伐（采集）许可证。

2）购买木材的票据。

3）属农村居民采伐其自留地和房前屋后自有林木外运的，提交基层林业工作站或者乡镇人民政府开具的证明。

4）属个人工作调动或者家庭搬迁按规定允许携带少量自用材的，提交工作调动证明或者户口迁移证明。

5）因工程竣工或者迁移需要运输工程自用材的，施工单位应提交由其上级主管部门出具的有关证明。

8.如何界定无效木材运输?

具备下列之一，为无效木材运输。① 超越管理权限核发的；② 不按规定填写或者印鉴不符合规定的；③ 已宣布作废或者失效的；④ 提前使用木材运输证的；⑤ 伪造、涂改、买卖的；⑥ 填发机关更改后未加盖专用章的。

9.关于木材运输证有何规定?

1）木材运输证在核发的有效期限内只能使用一次。

2）木材运输实行总量控制。

3）木材运输实行一车（船、筏）一证。

4）木材运输证从起运地到终点全程有效，在运输中需要中转、变更运输工具的，凭原木材运输证到中转地林业行政主管部门换领木材运输证。

5）运输木材必须货证同行，并与运输相一致。

6）规定了木材运输的方向。

10.什么是木材检查站?

木材检查站是经省、自治区、直辖市人民政府批准,由林业主管部门在林区设立,主要检查木材运输的林业基层执法单位。其主要职责是检查运输木材的单位和个人是否持有林业主管部门核发的木材运输证件;对没有木材运输证件的,木材检查站有权制止其运输行为(无权处理,法律规定的除外)。

11.关于木材的扣留有何规定?

违反本条例有下列情形之一的,林业行政主管部门或者木材检查站有权扣留所运输的木材:① 无木材运输证的;② 运输木材的树种、材种、规格与木材运输证记载不符或者超过规定数量的;③ 运输起止地点与木材运输证记载不符的;④ 使用无效木材运输证件的;⑤ 持过期木材运输证运输木材的;⑥ 以伪装、藏匿等方式逃避木材检查站检查的。

3.7 森林保护的法律规定

1.建立护林组织和配备护林员有何法律规定?

《森林法》第十九条规定:"地方各级人民政府应当组织有关部门建立护林组织,负责护林工作;根据实际需要在大面积林区增加护林设施,加强森林保护;督促有林的和林区的基层单位,订立护林公约,组织群众护林,划定护林责任区,配备专职或兼职护林员。"

护林员由县级或乡级人民政府委任,其主要职责:一是巡护森林,管护森林;二是制止破坏森林资源的行为,如制止非法盗伐林木人员,制止携带火种进山人员;三是对造成森林资源破坏的可以要求有关部门处理,如可以要求林业主管部门对有轻微毁林行为人员进行处罚,也可以要求公安人员对非法伤害护林机关的行为进行处理,但护林员本身没有进行处罚的权利。

2.关于森林公安机关的法律规定有哪些?

1)负责维护辖区的社会治安,保护辖区内的森林资源。

2)具有行使林业行政处罚的权利。

森林公安机关具有代行林业主管部门的行政处罚的权力,但执行处罚的范围有限制(盗伐、滥伐林木、非法买卖林木、木材运输许可证及其他林业行政管理证件、在林区非法收购盗伐滥伐木材、违法开垦、采石、采砂、采土等毁林);根据国家林业局 1998 年 1 号令的规定,森林公安局、森林公安分局、森林警察大队可以以自己的名义进行行政处罚。

3.关于武装森林警察部队的法律规定有哪些?

武装森林警察部队是中国人民武装警察部队的一个警种,武装森林警察部队是驻守在东北、内蒙古、西南国有林区的一支专门从事护林工作和预防扑救森林火灾的部队。现在其职能也增加了维护辖区社会稳定,防止制止突发事件的内容。林业部门只对其预防、扑灭森林火灾工作进行业务指导。

4.关于森林病虫害防治和林木种苗检疫的法律规定有哪些?

林业主管部门是森林病虫害防治工作的主管部门。工作主要有:督促森林经营单位要在经营活动中加强检疫和防治工作;各级林业主管部门应当有计划建立无检疫对象的林木种苗基地;林业主管部门负责规定种苗检疫对象,划定疫区和保护区并对林木种苗进行检疫;实施营林措施为主,生物、化学和物理防治相结合的措施,提高森林抗御自然灾害能力;做好病虫害预测预报;设立必要的病虫害防治设施,对森林病虫害及时除治。

5. 什么是失火毁林罪? 犯该罪要受何处罚?

失火毁林罪,是指违反森林防火管理,过失烧毁森林或者其他林木,造成严重后果,危害公共安全的行为。《刑法》第115条第2款规定:"犯过失毁林罪,情节严重的,处三年以上七年以下有期徒刑;情节较轻的处三年以下有期徒刑或者拘役。"

6.森林病虫害防治工作由谁负责?

森林病虫害防治实行"谁经营,谁防治"的责任制度。防治工作由各级林业主管部门主管。县级以上地方各级人民政府林业主管部门主管本行政区域内的森林病虫害防治工作,其所属的森防机构负责森林病虫害防治的具体组织工作,乡、镇林业工作站负责组织本乡、镇的森林病虫害防治工作。

7.森林防火工作实行何种负责制?

森林防火工作实行各级人民政府行政领导负责制。各级林业主管部门对森林防火工作负有重要责任,林区各单位都要在当地人民政府领导下,实行部门和单位领导负责制。

8.森林防火期内,在林区严禁哪些用火?

① 野外吸烟;② 上坟烧纸、烧香等;③ 夜间走路使用火把;④ 野外取暖、野炊;⑤ 火车、汽车的司乘人员和乘客向车外抛扔烟头等火种;⑥ 其他野外非生产用火。

9.什么是自然保护区?

自然保护区是为了保护自然环境和自然资源,拯救和保护珍贵稀有或者濒于灭绝的生物物种,保存有价值的自然历史遗迹以及科学研究等需要而划定的特殊保护区域。

10.自然保护区有哪些分类?

按管理系统可分为国家自然保护区和地方级自然保护区;按保护对象可分为自然生态系统保护区、野生动物自然保护区和自然遗产保护区。

11.自然保护区的设立有哪些条件?

具备下列条件之一:① 典型的自然地理区域、有代表性的自然生态系统区域以及已经遭受破坏但经保护能够恢复的同类自然生态系统;② 珍稀濒危野生动植物物种的天然集中分布区;③ 具有特殊保护价值的区域或森林或草地或海洋;④ 具有重大科学文化价值的自然遗产;⑤ 经国家批准需要特殊保护的其他自然区域。

12.如何划分自然保护区区域?

① 核心区,禁止任何单位、个人进入,禁止任何开发,科学研究需批准;② 缓冲区,只能进行科学观测活动,禁止开发;③ 实验区,可以进行科学、教学、旅游等活动。

13.自然保护区设立的程序是什么?

① 提出方案;② 征询意见和初步评审;③ 审批与公示;④ 撤销与变更。

14.自然保护区设立的审批机关是什么?

国务院林业主管部门和省、自治区、直辖市以上人民政府审批设立自然保护区。

15.什么是森林公园?

森林公园是指森林景观优美,自然景观和人文景物集中,具有一定规模,可供人们游览、休息或进行科学、文化、教育活动的场所。

16.森林公园的分级有哪些?

国家森林公园、省级森林公园和地方森林公园。

17.森林公园的审批机关有哪些?

省级林业主管部门审批,并报国务院林业主管部门备案。

18.林区内国家保护野生动物的法律规定有哪些?

① 国家重点保护的野生动物禁止捕猎;② 因特殊需要捕猎国家重点保护野生动物的特殊规定。因科学研究、驯养繁殖、展览或其他特殊情况,需要捕捉国家一级保护野生动物的,必须向国务院野生动物行政主管部门申请特许猎捕证;猎捕国家二级保护野生动物的必须向省、自治区、直辖市野生动物行政主管部门申请特许猎捕证。

19.在林区从事工副业生产毁林的法律规定有哪些?

① 禁止毁林开垦和毁林采石、采砂、采土及其他毁林行为。其他毁林行为应包括为采种、

采矿、修路建房等行为。② 禁止在幼林地和特种用途林内砍柴、放牧。幼林地是指林木尚未成熟的林地（郁闭度 0.2 以下的新造林地）；特种用途林是指以国防、环境保护、科学实验为主要目的的森林和林木。

20.出口珍贵树木及其制品、衍生物的法律规定有哪些？

1）"衍生物"的含义：包括在所附文件上注明，或在包装、标记、标签上标明，或从其他任何方面表明为列入公约附录的一种动物或者一种植物的部分的任何标本。根据上述解释，不论标签、说明、广告或任何注明产品含量的文字或图片中反映出含有某种保护物种成分的就可视为该物种的衍生物。

2）法律规定：① 国家禁止、限制出口珍贵树木及其制品、衍生物。② 关于出口国家珍贵树木及其制品、衍生物的批准程序。一是出口国家限制出口的，必须经出口所在省、自治区、直辖市人民政府林业主管部门审核，报国务院林业主管部门批准，海关凭国务院林业主管部门的批准文件放行；二是进出口珍贵树木及其制品、衍生物属于中国参加的《濒危野生动植物种国际贸易公约》附录 I、II 中物种的，除按前述程序申报审批外，还要向国家濒危物种管理机构申请办理允许进出口证明书，海关凭允许进出口证明书放行。

21.猎捕野生动物需办理什么手续？

《中华人民共和国野生动物保护法实施条例》第十二条规定："因特殊情况需要猎捕国家重点保护野生动物的，按国家有关规定申请特许猎捕证；需猎捕省重点保护的野生动物，应报省级野生动物主管部门批准发给猎捕证；猎捕一般保护野生动物的，由地级以上野生动物主管部门负责审批发证。"

22.驯养繁殖野生动物应办理什么手续？

《中华人民共和国野生动物保护法实施条例》第二十二条规定："驯养繁殖野生动物的，应当向野生动物主管部门申办驯养繁殖许可证。"

23.经营加工野生动物应办理什么手续？

《中华人民共和国野生动物保护法实施条例》规定："经营利用野生动物的单位和个人，必须先向县级以上野生动物主管部门申请野生动物经营加工许可证，方可向同级工商行政管理部门申请营业执照。"

24.运输野生动物或其产品应办理什么手续？

《中华人民共和国野生动物保护法》规定："运输、邮寄、携带野生动物及其产品，须持有县级以上野生动物主管部门核发的野生动物及产品准运证明。"

25.发现受伤或者迷途的野生动物应如何处理?

单位和个人发现受伤、病饿、受困迷途的国家和省重点保护野生动物,应当尽力救护,禁止捕杀,并及时报告送交所在地野生动物主管部门(如林业局、农林水局)处理。野生动物主管部门接到报告或受理后,应当立即采取有效措施,积极救护。

3.8 林业行政处罚相关问题

1.什么是林业行政处罚?有何特征?

林业行政处罚是指县级以上的林业主管部门、法律、林业行政法规授权的组织及林业主管部门依法委托的组织对违反林业法规又未构成犯罪的行政管理相对人实施的行政制裁。

特征有以下几点:① 实施林业行政处罚的机关必须是县级以上林业主管部门,法律、法规授权的组织以及林业主管部门依法委托的组织;② 是针对林业行政管理相对人违反林业法规尚未构成犯罪的行为;③ 具有强制性。

2.林业行政处罚的机关有哪些?

根据《林业行政处罚程序规定》第六条的规定,实施林业行政处罚机关包括:① 县级以上林业主管部门;② 法律法规授权的组织;③ 法律法规授权的具有管理公共事务职能的组织,可以在授权范围内实施林业行政处。

林业主管部门依照法律法规或者规章的规定,可以在其法定权限内委托符合下列条件的组织实施林业行政处罚:① 是依法成立的管理公共事务的事业组织;② 具有熟悉有关法律、法规、规章和业务的工作人员;③ 对违法行为需要进行技术检查或技术鉴定的,应当有条件进行相应的技术检查或技术鉴定。

目前,在林业行政执法中,主要的委托类型是上下级委托,即县林业局将部门林业行政处罚权委托给基层林业站,木材检查站行使。

3.什么是林业行政处罚的管辖?

林业行政处罚的管辖,是指林业行政处罚机关在受理林业行政处罚案件上的分工和权限。

4.林业行政处罚的管辖种类有哪些?

林业行政处罚的管辖有六种:

1)级别管辖:是上下级林业主管部门之间查处林业行政处罚案件的分工与权限。

2)指定管辖:是指上级林业主管部门依法就某一具体的林业行政处罚案件指定某一下级林业主管部门行使管辖权。

3）地域管辖：又称地区管辖，是不同地区的同级林业主管部门之间查处林业行政处罚案件的分工和权限。林业行政处罚案件的地域管辖采取以下原则：① 由违法行为发生地的林业主管部门管辖的原则；② 优先管辖为主，移送管辖为辅的原则。

4）授权、委托管辖：是指法律、法规授权的组织和林业主管部门依法委托的组织在受理林业行政案件上的分工和权限。

5）移送管辖：是指林业主管部门对已经受理的林业行政处罚案件，发现不属于自己管辖，应将案件移送给有管辖权的林业主管部门查处。

6）管辖权的转移：是指林业主管部门将自己有管辖权的已经受理的林业行政处罚案件，移交给别的更适合处理该案的林业主管部门查处。管辖权的转移主要有三种情况：① 上级林业主管部门在必要时，可以处理下级林业主管部门管辖的林业行政处罚案件。② 上级林业主管部门在必要的时候，也可以把自己管辖的林业行政处罚案件交由下级林业主管部门处理。③ 下级林业主管部门认为重大、复杂的林业行政处罚案件需要由上级林业主管部门处理的，可以报请上级林业主管部门决定。

5.什么是林业行政处罚决定程序的原则？

① 必须查明事实的原则；② 事先告知原则；③ 当事人有权进行申辩的原则。

6. 调查处理林业行政处罚案件的一般要求有哪些？

① 应当向当事人或有关人员出示执法证件；② 与当事人有利害关系的林业行政执法人员应当自行回避，不参加该案的调查处理；③ 应当依法收集证据；④ 林业行政处罚案件的证据主要有书证、物证、视听资料、证人证言、当事人陈述、鉴定结论、勘验笔录和现场笔录等几种。

7.给予林业行政处罚的条件有哪些？

① 有明确违法行为的人；② 有具体的违法事实和证据；③ 法律、法规、规章规定应当给予林业行政处罚的；④ 属于查处的机关管辖；⑤ 符合林业行政处罚的追究时效。

8.林业行政处罚的程序有哪些？

林业行政处罚的程序如下。

（1）简易程序

简易程序又称当场处罚程序，是指林业行政执法人员对于事实清楚、情节简单、后果轻微的林业行政违法行为，当场给予处罚的程序。

只适用于违法事实确凿并有法定依据，对公民处以 50 元以下，对法人处于 1000 元以下罚款或者警告的违法行为。

（2）一般程序

一般程序，是指除法律有特别规定的应当适用简易程序和听证程序的以外，林业行政处罚案件通常所适用的程序。一般程序是适用性最广的程序，也是比较严格，比较复杂的程序。

1）立案。立案必须符合以下四个条件：有违法行为的发生；违法行为是应受处罚的行为；属于立案机关管辖；属于一般程序的使用范围。

2）调查取证：调查处理林业行政处罚案件的执法人员不少于二人；林业行政执法人员在调查、询问当事人和其他知情人时，应制作《林业行政处罚询问笔录》；林业行政执法人员对与违法行为有关的场所、物品可以进行勘查，检查；林业行政主管部门可以指派或聘请有专门知识的人进行鉴定。

3）林业行政处罚决定的作出：应制作《林业行政处罚决定书》，否则行政处罚不成立。

4）结案期限：林业行政处罚案件自立案之日起，应在 1 个月内办理完毕。特殊情况可以延长，但需经批准。

（3）听证程序

林业行政主管部门依法作出责令停产停业、吊销许可证或执照、较大数额罚款等林业行政处罚之前，应当告知当事人有权要求举行听证的权利，并制作林业行政处罚听证权利告知书。国家林业局依法作出 10 万元以上罚款决定的，应当告知当事人有要求听证的权利。

适用林业行政处罚听证程序的条件：① 依法作出责令停产停业、吊销许可证或执照、较大数额罚款等林业行政处罚时，才适用于听证程序；② 当事人要求听证；③ 听证程序依照法定程序进行。

9.林业行政处罚通知书的送达方式有哪些？

1）直接送达。直接送达是林业行政执法人员将决定书直接送至被罚人或者其成年家属、所在单位负责人员的送达方式。

2）留置送达。留置送达时被处罚人或代收人拒收时，送达人依法将《林业行政处罚决定书》留放在被处罚人的住处或单位即视为送达的一种送达方式。

3）委托送达。委托送达，是做出处罚决定的林业主管部门，委托被处罚人所在地的林业主管部门，将《林业行政处罚决定书》送达被处罚人的一种送达方式。

4）邮寄送达。邮寄送达是林业主管部门使用挂号邮寄的方式，将《林业行政处罚决定书》送达被处罚人的一种送达方式。

10.林业行政处罚通知书的执行方式有哪些？

林业行政处罚的执行是指林业行政处罚的执行机关将已发生法律效力的处罚决定付诸实施的行为。包括：① 罚款决定与收缴分离制度；② 当场罚款；③ 林业行政处罚的强制执行；④ 对依法没收的非法财物的处理。

3.9 林业行政复议相关问题

1.什么是林业行政复议?

林业行政复议是指公民、法人或者其他组织不服林业主管部门的具体行政行为,按照法定的程序或条件,向林业行政复议机关提出申诉,林业行政复议机关对有争议的具体行政行为进行复查并做出裁决的一种行政活动。

2.什么是林业行政复议的特征?

1)林业行政复议以林业行政争议为前提。

2)林业行政复议的内容是对于具体行政行为的合法性及合理性进行审查。

3)林业行政复议要依法进行:① 林业行政复议的机关必须是法律、法规规定的具有行政复议权的国家林业主管部门;② 林业行政复议的程序由法律、法规规定。

4)林业行政复议在程序上往往和林业行政诉讼相连接。

3.如何区别林业行政复议与林业行政诉讼?

(1)性质不同

林业行政复议是林业主管部门在内部审查行政争议案件的一种行政行为,而林业行政诉讼是人民法院审查行政争议案件的一种司法活动。

(2)受理机关不同

林业行政复议的受理机关是法律、法规规定的具有行政复议权的国家林业主管部门,而受理林业行政诉讼的机关是人民法院。林业行政复议以林业行政争议为前提。

(3)受案的范围不同

林业行政复议不仅受理林业行政违法案件,而且受理林业行政不当案件,而林业行政诉讼只受理林业行政违法案件。

(4)适用程序不同

林业行政复议适用行政程序,实行一级复议制,原则上实行书面复议,而林业行政诉讼则适用于司法审判程序,实行两审终审制,人民法院应当开庭审理。

(5)处理权限不同

林业行政复议中,林业行政复议机关不仅可以撤销原具体行政行为,而且还可以变更原具体行政行为,而林业行政诉讼中,人民法院一般只能撤销原具体行政行为。

4.林业行政复议的基本原则有哪些?

① 依法独立行使复议权原则;② 合法、及时、准确、便民原则;③ 林业行政复议实行一

级复议制原则，对林业行政机关做出的具体行政行为不服时，只能向林业行政复议机关申请复议一次，当事人如果不服该复议机关的复议决定，除了依法提起行政诉讼以外，不能再次申请复议；④ 林业行政复议不是适用调解原则。

5.林业行政复议的参加人有哪些？

1）申请人：指以自己的名义申请林业行政复议的林业行政管理相对人，包括公民、法人和其他组织。

2）被申请人：指经申请人认为侵犯了其合法权益或者与申请人发生了林业行政争议，因而被提起复议申请机关同志参加复议的林业主管部门或者组织。

3）第三人：指同申请林业复议的具体行政行为有利害关系，为了维护自己的合法权益，经复议机关批准，参加复议的公民、法人或者其他组织。第三人具有以下三个基本特征：① 同申请林业行政复议的具体行政行为有利害关系；② 参加到他人之间已经开始、尚未终结的林业行政复议活动中去；③ 参加他人的复议活定必须经林业行政复议机关批准。

6.如何确定林业行政复议的受案范围？

下列情况下，可以向林业行政复议机关申请复议：① 对林业行政处罚不服的；② 对林业行政强制措施不服的；③ 认为林业行政机关侵犯了法律、行政法规规定的经营自主权的；④ 认为符合法定条件申请颁发许可证，林业主管部门拒绝颁发或者不与答复的；⑤ 认为林业主管部门违法要求履行义务的；⑥ 认为林业主管部门侵犯其他财产权的。

下列事项不能申请林业行政复议：① 对林业行政法规、规章或者具有普遍约束力的决定，命令不服的；② 对林业行政机关工作人员的奖惩、任免等决定不服的；③ 对林业主管部门就民事纠纷所作的仲裁、调解或者处理不服的。

7.什么是林业行政复议的管辖？

林业行政复议管辖是指同级林业主管部门或者上下级林业主管部门受理林业行政复议案件的分工和权限。

8.林业行政复议的管辖有哪些种类？

① 级别管辖，是按照林业行政隶属的直接上下级关系确定的管辖；② 移送管辖，是指林业主管部门因复议机关受理申请后，发现自己对本案无管辖权，因而将已受理的案件移送给有管辖权的林业行政复议机关管辖；③ 指定管辖，是林业主管部门因复议管辖发生纠纷，经协商未获解决时，应当由它们的共同上一级林业主管部门指定某一个林业主管部门管辖；④ 选择管辖，是当两个或两个以上的林业主管部门都有复议管辖权时，申请人可以选择其中一个申请复议。

9.申请林业行政复议的条件有哪些?

① 申请人士认为具体行政行为直接侵犯了自己的合法权益的公民、法人或者其他组织;② 有明确的被申请人;③ 有具体的复议请求和事实根据;④ 属于林业行政复议的范围;⑤ 属于受理复议机关管辖;⑥ 符合法律、法规规定的其他条件。此外,已向人民法院起诉,人民法院已经受理的,不得申请复议;已向林业行政复议机关申请复议,复议机关已经受理的,在法定复议期限内,不得向人民法院起诉。

10.林业行政复议申请书的内容有哪些?

① 申请人的姓名、性别、年龄、职业、住址等;② 被申请人名称、地址;③ 申请复议的要求和理由;④ 提出复议申请的日期。

11.申请林业行政复议的期限是什么?

申请林业行政复议的期限,是指公民、法人或者其他组织提出林业行政复议申请的时间界限。应在具体行政行为之日起 15 日内提出,法律、法规另有规定的除外,因不可抗力的因素,可延长。

12.什么是林业行政复议的受理?

林业行政复议的受理,是指林业行政复议机关通过对公民、法人或者其他组织复议申请的审查,认为该申请复合法定条件时,决定接受申请,予以立案的行为。林业行政复议的受理以林业行政复议的申请为前提。林业行政复议机关应当自到复议申请书之日内,对复议申请进行审查并做出处理。

13.审查林业行政复议申请的主要内容有哪些?

① 是否超过法定的申请复议的期间;② 是否符合和法定的申请复议得体条件;③ 申请复议的形式是否合法;④ 申请复议书的内容是否符合法定要求;⑤ 是否向人民法院起诉,如已起诉,人民法院是否已经受理;⑥ 是否已经复议过一次。

14.林业行政复议审查的结果有哪些?

林业行政复议机关对复议申请审查后,应当分别情况作出以下处理:① 予以处理;② 裁定不预处理;③ 期限补正不符合要求的复议申请书。

15.审查林业行政复议案件的方式有哪些?

林业行政复议主要实行书面复议制度。书面复议是指林业行政复议机关通过对书面案卷材料的审查核实而处理案件的一种审理方式。

16.审理林业行政案件的依据是什么？

林业行政复议机关审理林业行政复议案件，以法律、行政法规、地方性法规、规章以及上级主管部门依法治制定和发布的具有普遍约束立的决定、命令为依据。

17. 审理林业行政复议案件的程序有哪些？

1）审理前的准备工作。

2）审理的内容。

3）林业行政复议案件的审理中应注意的问题有：①审理期间具体行政行为的执行问题。具体行政行为一般不停止，特殊除外，如复议机关要求停止的、不停止将造成巨大损失的、法律和法规规定的；②审理期间申请人撤回复议申请的问题；在行政复议作出决定之前，申请人可以撤回复议申请；原具体行政行为变更后，不可以撤回复议申请。申请人撤回复议申请后，不得以同一事实和理由再申请复议。

18.什么是林业行政复议的决定？

林业行政复议机关通过对复议案件的审理，在查明事实的基础上，依法对争议的具体行政行为的合法性和适当性做出判断和处理。

19.林业行政复议决定的种类有哪些？

1）决定维持。

2）具体行政行为有程序上不足的，决定被申请人补正。

3）被申请人不履行法律、行政法规和规章规定的职责的，决定其在一定期限内履行。

4）具体行政行为有下列情形之一的，决定撤销、变更，并可以责令被申请人重新做出具体行政行为：①主要事实不清的；②适用法律、行政法规、规章和具有普遍约束力的决定、命令错误的；③违反法定程序影响申请人合法权益的；④超越或者滥用职权的；⑤具体行政行为明显不当的。

5）撤销或者变更。

6）被申请人做出的具体行政行为侵犯了申请人的合法权益，造成损害，申请人请求赔偿的，林业行政复议机关可以责令被申请人按照有关规定负责赔偿。

20.林业行政复议决定书的内容有哪些？

①申请人的姓名、性别、年龄、住址；②被申请人的名称、地址、法定代表人的姓名、职务；③复议申请的主要请求和理由；④复议机关认定的事实、理由、适用的法律、法规、规章和具有普遍约束力的决定；⑤复议结论；⑥不服复议决定向人民法院起诉的期限，或者终局的复议决定的履行期限；⑦做出复议决定的时间。

21.林业行政复议决定书的送达方式有哪些？

直接送达、留置送达、委托送达和邮寄送达。

22.作出林业行政复议决定的期限是什么？

林业行政复议机关应当在收到复议申请书之日起 2 个月内作出决定，法律、行政法规另有规定的除外。

3.10 违反森林法的法律责任

1.什么是盗伐林木？其数量有何规定？

盗伐林木是违反《森林法》的规定，以非法占有为目的，用秘密手段擅自砍伐国家、集体或他人所有林木或经营管理的森林和林木的行为。

数量较大就构成了犯罪，即盗伐林木罪，应受到刑事处罚。数量较轻，不构成犯罪，属盗伐林木行为，应受到行政处罚。数量的规定有：① 起点：一般可以掌握在 2 ~ 5m^3 或幼树 100 ~ 250 株；② 数量巨大：一般是指盗伐 20 ~ 30m^3 或幼树 1000 ~ 1500 株。

2.盗伐林木有何处罚？

1）未构成犯罪的行政处罚：补种盗伐林木株数 10 倍的树木，没收盗伐的林木；如林木已被出卖则没收其变卖所得，并处盗伐林木价值 3 倍以上 10 倍以下的罚款。

2）构成犯罪的处罚：数量较大的，处 3 年以下的有期徒刑，拘役或者管制，并处罚金；数量特别巨大的处 7 年以上有期徒刑，并处罚金。

3.什么是滥伐林木？其数量有何规定？

滥发林木是指行为人违反森林法的规定，未经林业主管部门及法律规定的其他主管部门批准并核发采伐许可证，或虽持有采伐许可证但违反采伐许可证规定的地点、数量、树种方式采伐本单位所有或管理的及本人自留山的森林或者其他林木的行为。林木权属不清，一方擅自砍伐有争议区内的林木按滥伐林木处理。

数量较大，就构成了犯罪，即盗伐林木罪，应受到刑事处罚。数量较轻，不构成犯罪，属盗伐林木行为，应受到行政处罚。数量的规定有：① 起点：一般可以掌握在 10 ~ 20m^3 或幼树 500 ~ 1000 株；② 数量巨大：一般是指盗伐 50 ~ 100m^3 或幼树 2500 ~ 5000 株。

4.滥伐林木有何处罚？

1）未构成犯罪：由林业主管部门负责令补种滥伐株数 5 倍的树木，并处以滥伐林木价值 2 倍以上 5 倍以下的罚款。

2）构成犯罪：处 3 年以下有期徒刑、拘役或者管制，并处或单处罚金；数量巨大的，处 3 年以上 7 年以下有期徒刑，并处罚金。盗伐、滥伐国家级自然保护区内的森林或者其他林木的，从重处罚。

5.如何区别盗伐和滥伐林木？

1）犯罪的客体不同。滥伐林木破坏了国家林业管理制度，盗伐不但破坏了国家林业管理制度，不侵犯了财产所有权。

2）犯罪对象不同。盗伐林木的对象不包括自己所有的森林或其他林木（但包括自己经营而非自己所有的森林或林木），滥伐林木的对象包括自己所有的森林或其他林木。

3）行为方式不同。盗伐林木是盗伐，滥伐林木是不要求砍伐。

4）主观意愿不同。盗伐林木以非法占有为目的，滥伐林木不具有非法占有为目的。

5）量刑幅度不同。

6.非法采伐、毁坏珍贵树木的刑事处罚规定有哪些？

《刑法》第三百四十四条规定：“非法采伐、毁坏珍贵树木的，处 3 年以下有期徒刑、拘役或者管制，并处罚金；情节严重的处 3 年以上 7 年以下有期徒刑，并处罚金；数字特别巨大的，处 3 年以上 7 年以下有期徒刑，并处罚金。”

从这一条规定来看，只要是非法采伐、毁坏珍贵树木的（并不要求达到多少数量），就构成犯罪，应当依法追究行为人的刑事责任，不能仅对行为人给予行政处罚，更不能以罚代刑。

在实际工作中，对非法采伐、毁坏珍贵树木的行为，在追究刑事责任时应当把握以下三点：

1）要弄清楚哪些属于珍贵树木。

2）要注意掌握非法采伐、毁坏珍贵树木行为的特征，非法采伐、毁坏珍贵树木的行为是指行为人未按规定程序申请采伐（集）证，而采伐或毁坏国家重点保护的珍贵树木的行为。

3）行为人的主观意愿，即是否故意。

7.什么是超过批准的采伐限额发放林木采伐许可证？

超过批准的采伐限额发放林木采伐许可证，是指有发放林木采伐许可证主体资格的单位，超越规定的采伐限额，超量发放林木采伐许可证的行为。

8.什么是超越职权发放林木采伐许可证、木材运输证件？

超越职权发放林木采伐许可证、木材运输证件，是指有权发放林木采伐许可证或者木材运输证件的单位，超越职权范围或者委托范围发放采伐许可证或者木材运输证件的行为。

9.超过采伐限额或超越职权发放林木采伐许可证、木材运输证件的处罚有哪些？

1）没有犯罪：给予行政处分。行政处分包括警告、记过、记大过、降级、撤职、开除等。

2）构成犯罪：林业主管部门的工作人员违反森林法的规定，超过批准的年采伐限额发放林木采伐许可证或者违反规定滥发林木采伐许可证，情节严重，致使森林资源遭受严重破坏的，处3年以下有期徒刑或者拘役。

10.什么是买卖、伪造林木采伐许可证、木材运输证件、批准出口文件？

买卖、伪造林木采伐许可证、木材运输证件、批准出口文件是指行为人以营利为目的，非法买卖、伪造上述证件、证明书的行为。

11.关于买卖、伪造林木采伐许可证、木材运输证件、批准出口文件、允许进出口证明书的处罚规定有哪些？

1）未构成犯罪：行政处罚（对卖方、买方都应当依法进行处罚）。

2）构成犯罪：追究刑事责任，罪名为非法经营罪。

3）伪造上述证件、证明书的，依法追究刑事责任，即只要行为人存在着伪造林木采伐许可证、木材运输证件、批准出口文件、允许进出口证明书的行为，就构成了犯罪，要依法追究刑事责任。

12.什么是非法收购明知是盗伐、滥伐的林木？

非法收购明知是盗伐、滥伐的林木，是指违反国家有关规定在林区擅自收购明知是盗伐、滥伐的林木的行为。"明知"是指一个具有正常行为能力的公民，在行为时所应当具有的最基本的主观判断。

13.关于非法收购明知是盗伐、滥伐的林木行为的处罚规定有哪些？

1）未构成犯罪：行政处罚。

2）构成犯罪：追究刑事责任，罪名为非法收购盗伐、滥伐林木罪。

14.什么是非法狩猎的处罚规定？

是指违反狩猎法规，在禁狩区、禁猎期或者使用禁用的工具、方法进行狩猎，破坏野生动物资源的行为。

15.非法狩猎的处罚规定有哪些？

1）未构成犯罪：行政处罚。

2）构成犯罪：追究刑事责任。

16.什么是国家重点保护的珍贵、濒危野生动物?

国家重点保护的珍贵、濒危野生动物是指列入《国家重点保护野生动物名录》的国家一级、二级保护动物,列入《濒危野生动植物种国际贸易公约》的附表一、附表二的野生动物以及驯养繁殖的上述特种。

17.违规使用林地会触犯刑法吗?

非法占有并毁坏防护林、特种用途林地数量分别或者合计达到 5 亩以上或者其他林地数量达到 10 亩以上将涉嫌非法占用农用地罪。

18.违规使用林地会受到什么处罚?

未经林业主管部门初审同意征用、占用林地的,除责令其限期补办初审手续外,并处每平方米 10 ~ 30 元(50 ~ 100 元)的罚款。

19.擅自改变林地用途会处罚吗?

未经林业主管部门的同意,擅自改变林地用途的,限期撤除或没收在林地上新建的设施,没收其违法所得,并处罚款。

20.违规临时使用林地会受到什么处罚?

未经林业主管部门批准,临时使用林地的,除责令其补办手续外,并处每平方米 30 ~ 50 元的罚款。

21.什么是非法猎捕、杀害珍贵、濒危陆生野生动物罪? 犯该罪要受何处罚?

非法猎捕、杀害珍贵、濒危陆生野生动物罪,是指违反野生动物保护法律法规,未经有关部门批准,猎捕、杀害国家重点保护的珍贵、濒危陆生野生动物的行为。《刑法》第三百四十一条第 1 款规定:"非法猎捕、杀害国家重点保护的珍贵、濒危野生动物的,处五年以下有期徒刑或者拘役,并处罚金;情节严重的,处五年以上十年以下有期徒刑,并处罚金;情节特别严重的,处十年以上有期徒刑,并处罚金或者没收财产。"

22.什么是非法收购、运输、出售珍贵、濒危陆生野生动物、珍贵、濒危陆生野生动物制品罪? 犯该罪要受何处罚?

非法收购、运输、出售珍贵、濒危陆生野生动物、珍贵、濒危陆生野生动物制品罪,是指违反野生动物保护法律法规,非法收购、运输、出售珍贵、濒危陆生野生动物,以及珍贵、濒危陆生野生动物制品的行为。《刑法》第三百四十一条第 1 款规定:"非法收购、运输、出售珍贵、濒危陆生野生动物及其制品的,处五年以下有期徒刑或者拘役,并处罚金;情节严重的,处五年以上十年以下有期徒刑,并处罚金;情节特别严重的,处十年以上有期徒刑,并处罚金或者没收财产。"

23.什么是非法狩猎罪？犯该罪要受何处罚？

非法狩猎罪，是指违反狩猎法规，在禁猎区、禁猎期或者使用禁用的工具、方法进行狩猎，破坏野生动物资源，情节严重的行为。《刑法》第三百四十一条第 2 款规定："违反狩猎法规，在禁猎区、禁猎期或者使用禁用的工具、方法进行狩猎，破坏野生动物资源，情节严重的，处三年以下有期徒刑、拘役、管制或者罚金。"

24.什么是走私珍贵动物、珍贵动物制品罪？犯该罪要受何处罚？

走私珍贵动物、珍贵动物制品罪，是指违反海关法规，逃避海关监管，运输、携带、邮寄国家禁止进出口的珍贵动物及其制品进出境的行为。《刑法》第一百五十一条第 2 款规定："走私国家禁止进出口的珍贵动物及其制品的，处五年以上有期徒刑，并处罚金；情节较轻的，处五年以下有期徒刑，并处罚金。"

第 4 章　林农法律维权体系

第 4 章　林农法律维权体系

4.1 公民的基本权利和义务

首先，公民的基本权利就是公民按照宪法规定享受到的由国家强制力保障的权益；其次，公民的基本义务也就是公民按照宪法享有权利的同时所必须承担的某种责任；最后，我们把宪法规定的公民的权利和义务称作基本权利和义务，它是公民享受其他权利和履行其他义务的基础。

1.基本权利

①公民在法律面前一律平等；②公民的政治权利和自由；③公民的宗教信仰自由；④公民的人身自由；⑤监督权和取得赔偿权；⑥社会经济权；⑦公民的教育、科学、文化权利和自由；⑧妇女、婚姻、家庭、母亲、儿童和老人受国家特殊保护；⑨保护华侨、归侨和侨眷的正当利益。

2.基本义务

①维护国家统一和各民族团结；②遵守宪法和法律，保守国家秘密，爱护公共财产，遵守劳动纪律，遵守公共秩序，尊重社会公德；③维护国家安全、荣誉和利益；④保卫祖国，抵抗侵略，依照法律服兵役和参加民兵组织；⑤依照法律纳税。

3.侵权表现形式

《宪法》规定："公民在法律面前一律平等"，"任何组织或个人都不得有超越宪法和法律的特权"。实现"公民在法律面前一律平等"，就要消灭特权。特权是公民平等权可能被侵犯的主要表现。有的干部自视为不受法律约束的"特殊公民"，他们不但不守法，而且还以权谋私，徇情枉法，包庇纵容违法者。由于他们地位的特殊性，公民误认为他们有些特权，不敢问，甚至侵犯自己合法权益也误认为应该如此。事实上，公民权利是平等的，一个人无论职位高低，都要遵守和履行宪法和法律规定的义务，不允许有任何特权。

有的妇女在家庭关系上不能获得与男子平等的地位和权利，而处于男尊妇卑的地位，她们在家庭重大事项中没有发言权，经济上没有掌管和使用权。她们有的甚至成为只有干活的义务而不能享受平等权利的"奴隶"。

在遗产继承上，女儿往往没有得到与儿子同等份额的遗产继承，甚至被剥夺了继承权。有的人认为，嫁出去的女儿如泼出去的水，没有继承权。

在一些农村，妇女不能同男子一样平等地分得承包地、自留地、宅基地。

在一些工作、企事业单位中，女职工不能与男职工同工同酬，干同样的活所得工资和奖金却要少些。在一些单位，裁员下岗时，往往女职工被裁员下岗得多些，如此等等。

上述情况都是侵犯了公民的平等权利。

因此，公民在平等权被侵犯时，要懂得用法律来捍卫自己的权利。

4.2 农民土地住房权益

1.土地承包权益怎样维护？

以下 12 类情况是违反了农民土地承包权益的。

第一类：干涉承包方依法享有的生产经营自主权。如干涉农民自主安排的生产经营项目，强迫农民购买指定的生产资料或者按指定的渠道销售农产品。

第二类：违法收回农户承包地。如强行收回外出务工就业农民的承包地，收回承包地抵顶欠款，违法收回进入小城镇落户农民的承包地，以划分"口粮田"和"责任田"等为由收回承包地搞招标承包，用收回农民承包地的办法搞劳动力转移等。

第三类：违法调整农户承包地。如承包期内用行政命令的办法硬性规定在全村范围内几年重新调整一次承包地，借颁发农村土地承包经营权证书之机重新承包土地等。

第四类：不落实二轮承包政策。对适合实行家庭承包的耕地，第一轮耕地承包合同到期后，如不执行延长土地承包期 30 年政策，不与农户签订土地承包合同，不发放农村土地承包经营权证书，超额预留机动地等。

第五类：利用职权变更、解除土地承包合同。如因承办人或负责人的变动而变更或解除承包合同，因集体经济组织分立或者合并而变更或解除承包合同等。

第六类：强迫承包方流转土地承包经营权。如强制收回农民承包地搞土地流转，乡镇政府或村级组织出面租赁农户的承包地再进行转租或发包，假借少数服从多数强迫承包方放弃或者变更土地承包经营权而进行土地承包经营权流转等。

第七类：阻碍承包方依法流转土地承包经营权。如对承包方合法流转土地承包经营权做出限制等。

第八类：侵占承包方的土地收益。如小调整时随意提高承包费，截留、扣缴承包方土地流转收益，截留、挪用征地补偿费用等。

第九类：违法发包农村土地。如未经本集体经济组织成员的村民会议 2/3 以上成员或者

2/3 以上村民代表的同意将农村土地发包给本集体经济组织以外的单位或者个人，将机动地长期用于对外发包，侵吞土地发包收入，泄露土地招标承包标底秘密等。

第十类：侵害妇女依法享有的土地承包经营权。如承包时对妇女实行有别于男子的歧视性土地承包政策，承包期内违法收回出嫁女承包地等。

第十一类：行政、司法机关和村级组织不作为。如基层法院不受理农村土地承包纠纷诉讼，农村土地承包仲裁管理机关不受理农村土地承包纠纷仲裁请求，乡（镇）人民政府不受理农村土地承包纠纷调解，农业行政主管部门不受理农民群众有关农村土地承包纠纷的来信来访，村级组织不执行仲裁、司法结论或名义上执行实际上拖延不办等。

第十二类：地方制定的政策是否有违反国家农村土地承包政策法律的情况。

2.征地补偿权益如何保护？

为了公共利益的最大化，为了经济的发展，我国有关部门在有的时候会根据实际情况对农民土地进行征收。为了维护农民的合法权益，保障农民利益不受损害，我国制定了相应的征地补偿标准。

（1）征地补偿

1）征收耕地补偿标准：旱田平均每亩补偿 1.3 万元；水田平均每亩补偿 2 万元；菜田平均每亩补偿 3 万元。

2）征收基本农田补偿标准：旱田平均每亩补偿 1.76 万元；水田平均每亩补偿 2.64 万元；菜田平均每亩补偿 4.4 万元。

3）征收林地及其他农用地平均每亩补偿 0.64 万元。

4）征收工矿建设用地、村民住宅、道路等集体建设用地平均每亩补偿 0.72 万元。

5）征收空闲地、荒山、荒地、荒滩、荒沟和未利用地平均每亩补偿 0.16 万元。

（2）其他税费

1）备地占用税，按每平方米 2 元计算。

2）商品菜地开发建设基金，按每亩 1 万元计算。

3）征地管理费，按征地总费用的 3% 计算，由国土资源部门严格按有关规定使用。

4）备地占补平衡造地费，平均每亩 4000 元统筹调剂使用，省国土资源厅负责监督验收。

（3）征地工作程序

1）告知征地情况。在征地依法报批前，当地国土资源部门应将拟征地的用途、位置、补偿标准、安置途径等，以书面形式告知被征地农村集体经济组织和农户。在告知后，凡被征地农村集体经济组织和农户在拟征土地上抢栽、抢种、抢建的地上附着物和青苗，征地时一律不予补偿。

2）确认征地调查结果。国土资源部门会同交通、林业部门，对拟征土地的权属、地类、面积以及地上附着物权属、种类、数量等现状进行调查，调查结果应与被征地农村集体经济组织、农户和地上附着物产权人、各市动迁办公室共同确认。

3）组织征地听证。在征地依法报批前，国土资源部门应告知被征地农村集体经济组织和农户，对拟征土地的补偿标准、安置途径有申请听证的权利。当事人申请听证的，应按照《国土资源听证规定》规定的程序和有关要求组织听证。

4）签订征地补偿协议。国土资源部门要按照本方案制定的补偿标准，与被征地农村集体经济组织和农民个人签订征地补偿协议，并将协议作为征地报件必备件附征地卷一同上报。

5）公开征地批准事项。经依法批准征收的土地，除涉及国家保密规定等特殊情况外，省国土资源厅通过媒体向社会公示征地批准事项。县（市）国土资源部门应按照《征用土地公告办法》规定，在被征地所在村、组公告征地批准事项。

6）支付征地补偿安置费。征地补偿安置方案经市、县政府批准后应按法律规定的时限向被征地农村集体经济组织按时支付征地补偿安置费用。当地国土资源部门要协同农业、民政等有关部门对被征地集体组织内部征地补偿安置费用的分配和使用情况进行监督。

3. 房屋宅基地的权益有哪些？怎么维护？

1）占有权。宅基地使用权人经依法申请批准取得宅基地使用权，享有对宅基地的独占权，任何组织个人不得非法侵占、擅自使用或剥夺其宅基地的使用。对于宅基地上旧有的建筑设施及其他林木，所有人或管理人应在合理期限内作出处理，不得影响宅基地使用权人的使用。

2）使用权。宅基地使用权没有明显的时间限制。不论宅基地使用的年限长短及建设情况，宅基地使用权除非依法定原因被剥夺，对于宅基地上的建房，与宅基地使用权同时受法律的长期保障，宅基地使用权人可以自由行使权利。

3）在宅基地空闲处修建其他建筑物、设施的权利。宅基地使用权人在主要住宅建筑外，可自行在宅基地范围内建筑其他生产或生活建筑和设施。

4）宅基地使用权人有在宅基地内种植林木、花草、蔬菜的权利。所种植的林木、花草、蔬菜归使用权人所有。

5）依法附随房屋出让宅基地使用权的权利。国家保护使用房屋合法买卖、继承、赠予等权利。因房屋和宅基地连同一体，不可分离，所以宅基地使用权必须连同房屋一并转移。农村宅基地使用权的主体仅为农村居民。房屋所有权的变动，必须报请县级人民政府房屋管理部门进行变更登记。

案例：买了三间牛棚造新房却被他人侵占

2012年10月，家住金华市区的李先生（化名）便开始关注周边郊区的房子，计划在农村购买一套，以便退休后与老伴养老居住。在朋友的推荐下，李先生看中当地影视城附近的一个小村庄，环境、交通、价格等方面都符合李先生的需求。与村委会协商过后，同年12月李先生以7万元的价格购买了村子里的3间牛棚，并按约定时间支付完所有款项。

这3间牛棚虽无人居住，但属于村里的宅基地，而李先生是非农村居民户口，并不具备购买资格，也不能像商品房一样办理房屋产权三证，因而只是与村里签订《房屋卖房契》的协议，拥有3间牛棚的土地使用权。

所有款项全部付清后，李先生着手在原有的地基上重新造了4间房屋。施工工程一结束李先生便赶着回市区继续工作，半年左右一直未曾回去。由于影视城发展扩大，区域内游客逐年增多，看到这一商机，李先生决定将房屋好好装修一番后用于出租。

就在他抵达家门口时，却发现自己的房子里住着一名女子，经询问得知她已在这房子里住了三四个月之久。李先生当即要求对方搬出，却遭到拒绝。她说："这房子是村里的人让我住的，村里也没说房子是属于你的，凭什么要我搬走？"

李先生带着当初签订的《房屋卖房契》起诉至法院，要求对方立即腾退该房屋，并支付占有期间的房费共计13000元。案件进入一审期间，法院向该村委会进行调查，村委会确认李先生提供的《房屋卖房契》所记载的交易属实，且明确表示买卖行为实际已发生。但法院认为李先生虽与村委会签订《房屋卖房契》，却未能举证房屋系其所有，即李先生不具备房屋的所有权，因而对其请求予以驳回。

李先生不服，提出上诉，二审时凭借基于房屋占有权这一事实向法院提起诉讼，证明其所购置的房屋是基于合同关系的占有物权，即有该房屋的使用权，最终获得法院认可。法院当即裁定侵占者需在三日内搬出李先生的房屋，并支付占有期间的房费共计13000元。

律师点评：基于合同关系占有的物权受《物权法》保护

根据《物权法》第九条的规定，不动产物权的设立、变更、转让和消灭，经依法登记，发生效力；未经登记则不发生效力，但法律另有规定的除外。本案中的购房人虽然与村委会签订了《房屋卖房契》，但是由于所购的房屋无法办理产权证，导致其无法获得产权证。

一审时，购房人以房屋所有权作为起诉理由，自然会被法院以无产权证明进而无法证明其所有权人身份而驳回。根据《物权法》的规定：基于合同关系等产生的占有，有关不动产或者动产的使用、收益、违约责任等，按照合同约定；占有的不动产或者动产被侵占的，占有人有权请求返还原物；对妨害占有的行为，占有人有权请求排除妨害或者消除危险；因侵占或者妨害造成损害的，占有人有权请求损害赔偿。

本案中，购房人虽然未获得该房屋的产权，但基于与村委会签订《房屋卖房契》所形成的合同关系，其形成了合法的占有。在其占有房屋期间，第三人实施了侵占行为，占有人自然可以依据《物权法》关于占有保护的规定要求对方，故二审得到了法院的支持。当然，《物权法》关于占有保护的时间也是有明确规定：占有人返还原物的请求权，自侵占发生之日起一年内未行使的，该请求权消灭。所以购房人遇到此类情形，应尽速维护自身合法权益。

4.3 林产品经营管理办法

林产品生产经营中有哪些规定？如何维权？

农林产品生产者在生产过程中应当遵守相应的质量安全规定，主要包括：

1）依照规定合理使用化肥、农药、兽药、饲料和饲料添加剂等农业投入品，严格执行农业投入品使用安全间隔期或者休药期的规定。

2）禁止使用国家明令禁止使用的农业投入品，防止因违反规定使用农业投入品危及农产品质量安全。

3）依照规定建立农产品生产记录，如实记载使用农业投入品的有关情况、动物疫病和植物病虫害的发生和防治情况，以及农产品收获、屠宰、捕捞的日期等情况。

4）对其生产的农产品的质量安全状况进行检测，经检测不符合农产品质量安全标准的，不得销售。

5）农产品在包装、保鲜、储存、运输中使用的保鲜剂、防腐剂和添加剂等材料，应当符合国家有关强制性的技术规范。具体指南见《农民在生产经营方面的权益保护》一书（邹国华等，2010）。

4.4 农民工法律常识

4.4.1 农民工维权

1.农民进城务工享有哪些基本权利？

根据现行劳动保障法律法规的规定，农民工应当享有的基本权利包括：

1）用人单位应当按时足额支付工资，不得克扣、无故拖欠农民工工资。

2）用人单位支付的工资不得低于当地最低工资标准。

3）用人单位应依法实行国家规定的工时制度，安排农民工加班加点应符合国家有关规定，并依法支付加班加点工资。

4）用人单位应当依法与农民工签订劳动合同。

5）试用期应包括在劳动合同期限之中。

6）用人单位不得向农民工收取定金、保证金或扣留居民身份证等证件。

7）用人单位不得随意解除劳动合同，解除劳动合同应当符合《劳动法》的规定，并依法向农民工支付经济补偿金。

8）农民工依法享有休息休假权利。

9）女职工和未成年工享受特殊劳动保护。

10）农民工有权参加工伤保险、基本医疗保险、基本养老保险、失业保险和生育保险。

2.用人单位招用人员时哪些行为是明令禁止的？

根据《劳动力市场管理规定》（劳动和社会保障部令第 10 号）的规定，禁止用人单位招用人员时有下列行为：① 提供虚假招聘信息。② 招用无合法证件的人员。③ 向求职者收取招聘费用。④ 向被录用人员收取保证金或抵押金。⑤ 扣押被录用人员的身份证等证件。⑥ 以招用人员为名牟取不正当利益或进行其他违法活动。

3.最低工资有什么主要规定？

国家实行最低工资保障制度。根据《最低工资规定》（劳动和社会保障部令第 21 号）的规定，在劳动者提供正常劳动的情况下，用人单位应支付给劳动者的工资在剔除下列各项以后，不得低于当地最低工资标准：

1）延长工作时间工资。

2）中班、夜班、高温、低温、井下、有毒有害等特殊工作环境、条件下的津贴。

3）法律、法规和国家规定的劳动者福利待遇等。

实行计件工资或提成工资等工资形式的用人单位，在科学合理的劳动定额基础上，其支付劳动者的工资不得低于相应的最低工资标准。

劳动者与用人单位形成或建立劳动关系后，试用、见习期间，在法定工作时间内提供了正常劳动，其所在的用人单位应当支付其不低于最低工资标准的工资。

在非全日制劳动者提供正常劳动的情况下，用人单位支付的小时工资不得低于当地小时工资标准。

4.工作时间有什么主要规定？

根据《国务院关于职工工作时间的规定》（国务院令第 174 号）等规定，我国实行劳动者每日工作 8 小时。此外，由于工作性质及生产经营特点的限制，不能实行标准工作时间的，经有关部门审批后，可以实行不定时工作制或综合计算工时工作制。

用人单位由于生产经营需要，经与工会和劳动者协商后可以延长工作时间，一般每日不得超过 1 小时；因特殊原因需要延长工作时间的，在保障劳动者身体健康的条件下延长工作时间每日不得超过 3 小时，但是每月不得超过 36 小时。

5.用人单位在法定工作时间之外安排劳动者加班，应如何支付加班工资？

根据有关法律法规规定，加班加点工资的支付标准如下：

1）安排劳动者延长工作时间的（正常工作日加点），支付不低于劳动合同规定的劳动者本人小时工资标准的 150% 的工资报酬。

2）休息日（星期六、星期日或其他休息日）安排劳动者工作又不能安排补休的，支付不低于劳动合同规定的劳动者本人日工资标准的 200% 的工资报酬。

3）法定休假日（元旦、春节、国际劳动节、国庆节以及其他法定节假日）安排劳动者工作的，支付不低于劳动合同规定的劳动者本人日工资标准的 300% 的工资报酬。

6.签订劳动合同应注意的事项？

劳动合同必须由具备用工主体资格的用人单位与农民工本人直接签订，不得由他人代签。建筑领域工程项目部、项目经理、施工作业班组、包工头等不具备用工主体资格，不能作为用工主体与农民工签订劳动合同。

用人单位与农民工签订劳动合同，应当包括以下条款：劳动合同期限、工作内容和工作时间、劳动保护和劳动条件、劳动报酬、劳动纪律和违反劳动合同的责任。根据不同岗位的特点，用人单位与农民工协商一致，还可以在劳动合同中约定其他条款。

7.试用期有什么规定？

用人单位与农民工签订劳动合同，双方可以在劳动合同中约定试用期。劳动合同期限 3 个月以上不满 1 年的，试用期不得超过 1 个月；劳动合同期限 1 年以上不满 3 年的，试用期不得超过 2 个月；3 年以上固定期限和无固定期限的劳动合同，试用期不得超过 6 个月。试用期应包括在劳动合同期限之中。非全日制劳动合同，不得约定试用期。

8.用人单位违法解除劳动合同的，应承担什么责任？

根据有关法律法规规定，劳动合同一旦生效，即具有法律约束力，非依法律规定，当事人不得随意解除劳动合同。用人单位违法解除劳动合同的，由劳动保障行政部门责令改正；对劳动者造成损害的，应当承担赔偿责任。用人单位解除与劳动者的劳动合同，应当依照情形给予相应经济补偿金。

9.没有订立书面劳动合同的，劳动关系如何确认？

根据劳动保障部《关于确立劳动关系有关事项的通知》（劳社部发〔2005〕12 号）规定，用人单位招用劳动者未订立书面劳动合同，但同时具备下列情形的劳动关系成立：

1）用人单位和劳动者符合法律、法规规定的主体资格。

2）用人单位依法制定的各项劳动规章制度适用于劳动者，劳动者受用人单位的劳动管理，从事用人单位安排的有报酬的劳动。

3）劳动者提供的劳动是用人单位业务的组成部分。

用人单位未与劳动者签订劳动合同，认定双方存在劳动关系时可参照下列凭证：

1）工资支付凭证或记录（职工工资发放花名册）、缴纳各项社会保险费的记录。

2）用人单位向劳动者发放的"工作证""服务证"等能够证明身份的证件。

3）劳动者填写的用人单位招工招聘"登记表""报名表"等招用记录。

4）考勤记录。

5）其他劳动者的证言等。

其中，1）、3）、4）项的有关凭证由用人单位负举证责任。

10.企业违法分包工程的，由谁承担用人主体责任？

根据劳动保障部《关于确立劳动关系有关事项的通知》（劳社部发〔2005〕12号）规定，建筑施工、矿山企业等用人单位将工程（业务）或经营权发包给不具备用工主体资格的组织或自然人，对该组织或自然人招用的劳动者，由具备用工主体资格的发包方承担用工主体责任。

11.对休息休假有什么主要规定？

休息与休假主要包括休息日和法定节假日。《劳动法》第三十八条对休息日作了规定："用人单位应当保证劳动者每周至少休息一日。"

《全国年节及纪念日放假办法》（中华人民共和国国务院令第513号令）规定，全国公民放假的节日包括元旦、春节、清明节、劳动节、端午节、中秋节、国庆节共11天。《全国年节及纪念日放假办法》（国务院令第270号）除规定了上述节日放假天数外，还规定了部分公民放假的节日及纪念日（妇女节妇女放假半天、青年节14周岁以上的青年放假半天）以及少数民族放假的节日。

此外，职工还依法享有病假、女职工产假、依法参加社会活动请假等。

12.对女职工和未成年工特殊劳动保护有什么主要规定？

根据《劳动法》和《女职工劳动保护规定》（国务院令第9号）规定，对女职工进行特殊保护的内容是两个方面内容：一是规定一定的禁忌劳动范围，即禁止安排女职工从事矿山井下、国家规定的第四级体力劳动强度的劳动以及其他禁忌从事的劳动；二是对女职工在经期、孕期、生育期、哺乳期提供特殊保护，如在女职工怀孕期、产期、哺乳期，不得降低其基本工资，或者解除劳动合同。

未成年工是指年满16周岁、未满18周岁的劳动者。根据有关法律法规规定，不得安排未成年工从事矿山井下、有毒有害、国家规定的第四级体力劳动强度的劳动和其他禁忌从事的劳动。用人单位应当对未成年工定期进行健康检查。

13.哪些情况属于工伤?

《工伤保险条例》规定,职工有下列情形之一的,应当认定为工伤:

1)在工作时间和工作场所内,因工作原因受到事故伤害的。

2)工作时间前后在工作场所内,从事与工作有关的预备性或者收尾性工作受到事故伤害的。

3)在工作时间和工作场所内,因履行工作职责受到暴力等意外伤害的。

4)患职业病的。

5)因工外出期间,由于工作原因受到伤害或者发生事故下落不明的。

6)在上下班途中,受到机动车事故伤害的。

7)法律、行政法规规定应当认定为工伤的其他情形。

按照《职业病防治法》的规定,职业病是指劳动者在职业活动中,因接触粉尘、放射性物质和其他有毒、有害物质等因素而引起的疾病。

职工有下列情形之一的,视同工伤:

1)在工作时间和工作岗位,突发疾病死亡或者在 48 小时之内经抢救无效死亡的。

2)在抢险救灾等维护国家利益、公共利益活动中受到伤害的。

3)职工原在军队服役,因战、因公负伤致残,已取得革命伤残军人证,到用人单位后旧伤复发的。

下列情形不得认定为工伤或者视同工伤:

1)因犯罪或者违反治安管理伤亡的。

2)醉酒导致伤亡的。

3)自残或者自杀的。

14.怎样申请工伤认定?

根据《工伤保险条例》的规定,职工发生事故伤害或者按照职业病防治法规定被诊断、鉴定为职业病,所在单位应当自事故伤害发生之日或者被诊断、鉴定为职业病之日起 30 日内,向统筹地区劳动保障行政部门提出工伤认定申请。遇有特殊情况,经劳动保障行政部门同意,申请时限可以适当延长。用人单位没有按前款规定提出工伤认定申请的,工伤职工或者其直系亲属、工会组织在事故伤害发生之日或者被诊断、鉴定为职业病之日起 1 年内,可以直接向用人单位所在地统筹地区劳动保障行政部门提出工伤认定申请。

《江苏省实施〈工伤保险条例〉办法》(江苏省人民政府令第 29 号)第三十四条规定:"用

人单位注册地与生产经营地不在同一统筹地区的，原则上在注册地参加工伤保险；未在注册地参加工伤保险的，在生产经营地参加工伤保险。职工受到事故伤害或者患职业病后，在参保地进行工伤认定、劳动能力鉴定，并按照参保地的规定依法享受工伤保险待遇。"

用人单位注册地与生产经营地不在同一统筹地区，且在注册地和生产经营地均未参加工伤保险的，职工受到事故伤害或者患职业病后，在生产经营地进行工伤认定、劳动能力鉴定，并按照生产经营地的规定依法由用人单位支付工伤保险待遇。

提出工伤认定申请应当提交下列材料：①工伤认定申请表；②与用人单位存在劳动关系（包括事实劳动关系）的证明材料；③医疗诊断证明或者职业病诊断证明书（或者职业病诊断鉴定书）。工伤认定申请表应当包括事故发生的时间、地点、原因以及职工伤害程度等基本情况。工伤认定申请人提供材料不完整的，劳动保障行政部门应当一次性书面告知工伤认定申请人需要补正的全部材料。申请人按照书面告知要求补正材料后，劳动保障行政部门应当受理。

劳动保障行政部门应当自受理工伤认定申请之日起60日内作出工伤认定的决定，并书面通知申请工伤认定的职工或者其直系亲属和所在单位。

15.怎样申请劳动能力鉴定？

劳动能力鉴定是给予工伤保险待遇的基础和前提条件。职工发生工伤，经治疗伤情相对稳定后存在残疾、影响劳动能力的，应当进行劳动能力鉴定。通过劳动能力鉴定，能够准确评定职工伤残、病残程度，既有利于保障职工的合法权益，也为正确处理与此有关的争议提供了客观依据。

根据《工伤保险条例》的规定，劳动能力鉴定由用人单位、工伤职工或者其直系亲属向设区的市级劳动能力鉴定委员会提出申请，并提供工伤认定决定和职工工伤医疗的有关资料。设区的市级劳动能力鉴定委员会应当自收到劳动能力鉴定申请之日起60日内作出劳动能力鉴定结论，并及时送达申请鉴定的单位和个人。申请鉴定的单位或者个人对该鉴定结论不服的，可以在收到鉴定结论之日起15日内向省、自治区、直辖市劳动能力鉴定委员会提出再次鉴定申请。省、自治区、直辖市劳动能力鉴定委员会作出的劳动能力鉴定结论为最终结论。

劳动能力鉴定结论作出之日起1年后，工伤职工或其直系亲属、其所在单位或者经办机构认为残情发生变化的，可以申请劳动能力复查鉴定。

16.工伤职工可以享受哪些工伤保险待遇？

职工享受工伤保险待遇，一般需要经过工伤认定、劳动能力鉴定和工伤评残、工伤保险金发放等几个程序。工伤保险待遇主要包括：

1）职工因工作遭受事故伤害或者患职业病进行治疗，享受工伤医疗待遇。

2）职工因工作遭受事故伤害或者患职业病需要暂停工作接受工伤医疗的，在停工留薪期内，原工资福利待遇不变，由所在单位按月支付。

3）工伤职工已经评定伤残等级并经劳动能力鉴定委员会确认需要生活护理的，从工伤保险基金按月支付生活护理费。

4）职工因工致残被鉴定为一级至四级伤残的，保留劳动关系，退出工作岗位，从工伤保险基金按伤残等级支付一次性伤残补助金，并按月支付伤残津贴；工伤职工达到退休年龄并办理退休手续后，停发伤残津贴，享受基本养老保险待遇。

5）职工因工致残被鉴定为五级、六级伤残的，从工伤保险基金按伤残等级支付一次性伤残补助金；保留与用人单位的劳动关系，由用人单位安排适当工作。难以安排工作的，由用人单位按月发给伤残津贴；经工伤职工本人提出，该职工可以与用人单位解除或者终止劳动关系，由用人单位支付一次性工伤医疗补助金和伤残就业补助金。

6）职工因工致残被鉴定为七级至十级伤残的，从工伤保险基金按伤残等级支付一次性伤残补助金；劳动合同期满终止，或者职工本人提出解除劳动合同的，由用人单位支付一次性工伤医疗补助金和伤残就业补助金。

7）职工因工死亡，其直系亲属可以按照有关规定从工伤保险基金领取丧葬补助金、供养亲属抚恤金和一次性工亡补助金。

17.对非法用工单位的职工工伤待遇是怎样规定的？

根据《工伤保险条例》和《非法用工单位伤亡人员一次性赔偿办法》（劳动和社会保障部令第 19 号）的规定，无营业执照或者未经依法登记、备案的单位以及被依法吊销营业执照或者撤销登记、备案的单位的职工受到事故伤害或者患职业病的，由该单位向伤残职工或者死亡职工的直系亲属给予一次性赔偿；用人单位不得使用童工，用人单位使用童工造成童工伤残、死亡的，由该单位向童工或者童工的直系亲属给予一次性赔偿。

18.遇到工伤怎么办？

如果在工作过程中遇到事故伤害，应当马上到签订服务协议的医疗机构就医，情况紧急时可以先到就近的医疗机构急救。同时，及时向当地劳动保障行政部门申请工伤认定。如果自己长期在煤矿、采石场或有毒有害等场所工作，发现自己身体不适，一定要到当地卫生行政部门所属的职业病防治所进行诊断，确认为职业病后，再到劳动保障行政部门申请工伤认定。工伤职工如果对劳动保障部门工伤认定结论不服（如不认定为工伤），还可以在收到工伤认定书 60 日内提起行政复议；对复议决定不服的，还可以在 15 日内向当地人民法院提起行政诉讼。

被认定为工伤后，应拿着工伤认定书到当地劳动能力鉴定委员会申请伤残等级鉴定。拿到工伤认定书和伤残等级鉴定书之后，就可以到用人单位或劳动保障部门的工伤保险经办机构领取工伤保险待遇。如果所在单位没有参加工伤保险，工伤保险待遇由用人单位支付。用人单位参加了工伤保险的，就由工伤保险经办机构从工伤保险基金中按标准支付工伤保险待遇。

19.哪些情况可以向劳动保障监察机构投诉？

劳动者认为用人单位侵犯其劳动保障合法权益的，有权向劳动保障行政部门投诉。可以投诉的事项包括：

1）用人单位违反录用和招聘职工规定的，如招用童工、收取风险抵押金、扣押身份证件等。

2）用人单位违反有关劳动合同规定的。

3）用人单位违反女职工和未成年工特殊劳动保护规定的。

4）用人单位违反工作时间和休息休假规定的，如超时加班加点、强迫加班加点、不依法安排劳动者休假等。

5）用人单位违反工资支付规定的，如克扣或无故拖欠工资、拒不支付加班加点工资、拒不遵守最低工资保障制度规定等。

6）用人单位制定的劳动规章制度违反法律法规规定的。

7）用人单位违反社会保险规定的，如不依法为农民工参加社会保险和缴纳社会保险费，不依法支付工伤保险待遇等。

8）未经工商部门登记的非法用工主体违反劳动保障法律法规，侵害农民工合法权益的。

9）职业中介机构违反职业中介有关规定的，如提供虚假信息、违法乱收费等。

10）从事劳动能力鉴定的组织或者个人违反劳动能力鉴定规定的，如提供虚假鉴定意见、提供虚假诊断证明、收受当事人财物等。

11）劳动者认为用人单位等侵犯其他劳动保障合法权益的。

20.哪些情况可以向劳动争议仲裁委员会申请仲裁？

劳动者与用人单位发生下列劳动争议，可以向劳动争议仲裁委员会提出仲裁申请：

1）因确认劳动关系发生的争议。

2）因订立、履行、变更、解除和终止劳动合同发生的争议。

3）因除名、辞退和辞职、离职发生的争议。

4）因工作时间、休息休假、社会保险、福利、培训以及劳动保护发生的争议。

5）因劳动报酬、工伤医疗费、经济补偿或者赔偿金等发生的争议。

6）法律、法规规定的其他劳动争议。

4.4.2 常见的违反治安管理行为及处罚

根据《治安管理处罚条例》规定，对违反治安管理行为规定了 3 种处罚。

1）警告。指公安机关责令违反治安管理的人改正错误，保证不再重犯。警告是治安管理处罚中最轻的处罚，主要针对初犯、偶犯、违法情节轻微认错态度较好的人。应该注意的是，治安管理处罚中的警告不同于行政处分中的警告和民事强制措施的训诫。

2）罚款。公安机关勒令违反治安管理的人缴纳一定数额的金钱，以惩戒其违法行为。罚款数额一般在 1 元以上 200 元以下。但是对于卖淫、嫖宿、暗娼以及介绍或者容留卖淫、嫖宿暗娼的，处 15 日拘留、警告、责令其悔过或者依照规定实行劳动教养，可以并处 5000 元以下罚款；对违反规定种植罂粟毒品原植物的，除铲除其所种毒品原植物外，处 15 日以下拘留，可以单处或并处 3000 元以下罚款；对非法运输、买卖、使用罂粟壳的，除处以收缴、拘留外，可单处或并处 3000 元以下罚款；对赌博提供条件的，制作、复制、传播淫秽物品的，除处 15 日以下拘留外，可单处或并处 3000 元以下罚款。

3）1 日以上 15 日以下拘留。这是限制人身自由的较重处罚，这主要是针对情节较严重或造成一定危害后果的违反治安管理的行为。治安拘留在性质上不同于刑事拘留和民事拘留，治安拘留只能由公安机关行使。

4.4.3 常见的刑事犯罪及处罚

刑事处罚是违反刑法，应当受到的刑法制裁。根据我国刑法的规定，刑事处罚包括主刑和附加刑两部分。主刑有：管制、拘役、有期徒刑、无期徒刑和死刑。附加刑有：罚金、剥夺政治权利和没收财产，此外还有适用于犯罪的外国人的驱逐出境。

刑事处罚主要是人身罚和财产罚，但主体是人身罚。具体情况是：

（1）管制

管制是指对犯罪分子不实行关押，但限制其一定自由，依法由社区矫正的刑罚方法。是我国刑罚种类之一，属于主刑的一种。管制是最轻的主刑，是我国独创的一种刑罚。按照刑法的规定：① 管制的期限，为 3 个月以上 2 年以下；② 被判管制的犯罪分子，由社区依法矫正；③ 对被判处管制的犯罪分子必须服从有关规定，劳动中应同工同酬；④ 管制期满，执行机关应即宣布解除之；⑤ 管制的刑期，从判决执行之日起计算，先期羁押的，1 日折抵刑期 2 日。管制刑的特征是：一是刑罚的最低档；二是不必投入特殊的改造场所，由公安机关负责监督；三是劳动有报酬；四是羁押时间可抵刑期。

（2）拘役

拘役，是剥夺犯罪人短期人身自由，就近实行强制劳动改造的刑罚方法。在我国刑罚体系中，拘役是介于管制与有期徒刑之间的一种主刑。它具有以下特征：① 拘役是一种短期自由刑，拘役的刑期最短不少于 1 个月，最长不超过 6 个月，所以，拘役是我国对罪犯予以关押、实行强制劳动改造的 3 种自由刑中最轻的一种；② 拘役适用于罪行较轻但需要短期关押改造的罪犯。

(3) 有期徒刑

有期徒刑是剥夺犯罪分子一定期限的人身自由，实行强制劳动改造的刑罚方法。有期徒刑是剥夺自由刑的主刑，其刑罚幅度变化较大，从较轻犯罪到较重犯罪都可以适用。所以，在我国刑罚体系中，有期徒刑居于中心地位。

(4) 无期徒刑

无期徒刑是剥夺犯罪分子终身自由，并强制劳动改造的刑罚方法。

(5) 死刑

死刑是剥夺犯罪人生命的刑罚方法，包括死刑立即执行和死刑缓期执行两种。死刑是我国刑罚中最重的一种，是由最高人民法院判决，执行的剥夺犯罪分子生命权和政治权的刑法，因此，死刑是严格控制的。

推荐较为实用的书籍是《农村常见犯罪与刑事处罚》(李清宇，蔡秉坤编，甘肃文化出版社 2009 年出版)。《农村常见犯罪与刑事处罚》的编排体例按照我国现行《刑法》结构展开，其中总则部分着重结合法条对我国刑法的基本原则予以简要阐述，分则部分则根据法定的十大类罪名予以分析、讲解。为避免单纯枯燥的法条罗列，在行文方式上采取问答方式，同时针对所述问题附加大量实例，这些实例都来源于近些年发生在我国农村地区并已判决生效的真实案例，其内容选择方面更注重那些与农民日常生产、生活密切相关，且属于农村地区常见、多发的典型刑事案件。

4.4.4 打官司

打官司程序流程包括以下几点。

1) 写好打官司需要的起诉状。打官司首先要写好起诉状，起诉状要有恰当的诉讼请求，以及合理的事实与理由和法律依据，这些都是决定打官司胜败的重要因素。所以，写诉状要有好的构思和设计，否则，不仅会影响打官司的结果，有时还会造成律师费用的损失。

2) 立案。写好了起诉状接下来需要提交到法院进行立案，立案时首先要选择一个有管辖权的法院，然后递交诉状和证据及其他相关材料。拿到法院受理通知书后，等待法院传票通知开庭。

3) 开庭。开庭程序主要包括法庭调查和法庭辩论。法庭调查阶段的举证、质证是专业性很强的诉讼行为。辩论阶段是充分阐述支持自己主张的事实理由和法律依据的时候。其目的是说服法官和对方当事人认可自己的观点。辩论结束后等待法院判决。

4）判决。开完庭后作出判决后，如果当事人不服判决，则必须在 15 天内提起上诉，也就是二审。否则，一审判决生效，双方争议的问题要按照判决履行。

5）执行。判决生效后，如当事人不在判决确定的期限内主动履行义务，另一方当事人应及时申请法院强制执行。拒不履行判决法院可以采取拘留、罚款措施，严重的可以追究刑事责任。

如何打官司这类问题简单来讲是很难叙述清楚的，需要参考相应的书籍和咨询法律相关人士，咨询律师是主要途径。

4.4.5 仲裁和调解

根据《仲裁法》第五十一条第一款规定，仲裁庭在作出裁决前，可以先行调解。当事人自愿调解的，仲裁庭应当调解；调解不成的，应当及时作出裁决。调解达成协议的，仲裁庭应当制作调解书或者根据协议的结果制作裁决书。调解书与裁决书具有同等的法律效力。

第五十二条规定，调解书应当写明仲裁请求和当事人协议的结果。调解书由仲裁员签名，加盖仲裁委员会印章，送达双方当事人。调解书经双方当事人签收后，即发生法律效力。在调解书签收前当事人反悔的，仲裁庭应当及时作出裁决。

4.4.6 申请行政复议与国家赔偿

1）行政复议是对原行政机关所作出的行政行为不服，向上一级行政机关或者同级人民政府申请复议，复议的结果一般分为维持原行政行为、改变原行政行为，如果是改变原行政行为，符合国家赔偿的才能申请国家赔偿。

2）符合以下情形的，可以申请国家赔偿。

根据《中华人民共和国国家赔偿法》第三条，行政机关及其工作人员在行使行政职权时有下列侵犯人身权情形之一的，受害人有取得赔偿的权利：① 违法拘留或者违法采取限制公民人身自由的行政强制措施的；② 非法拘禁或者以其他方法非法剥夺公民人身自由的；③ 以殴打、虐待等行为或者唆使、放纵他人以殴打、虐待等行为造成公民身体伤害或者死亡的；④ 违法使用武器、警械造成公民身体伤害或者死亡的；⑤ 造成公民身体伤害或者死亡的其他违法行为。

根据《中华人民共和国国家赔偿法》第四条，行政机关及其工作人员在行使行政职权时有下列侵犯财产权情形之一的，受害人有取得赔偿的权利：① 违法实施罚款、吊销许可证和执照、责令停产停业、没收财物等行政处罚的；② 违法对财产采取查封、扣押、冻结等行政强制措施的；③ 违法征收、征用财产的；④ 造成财产损害的其他违法行为。

3）如何申请国家赔偿。

行政复议若成功，一般原行政机关是赔偿义务机关。申请国家赔偿可以分两步走。

第一，申请人应当先向赔偿义务机关提出，也可以在申请行政复议或者提起行政诉讼时一并提出。赔偿义务机关应当自收到申请之日起两个月内，作出是否赔偿的决定。赔偿义务机关作出赔偿决定，应当充分听取赔偿请求人的意见，并可以与赔偿请求人就赔偿方式、赔偿项目和赔偿数额进行协商。

第二，如果赔偿义务机关作出不赔偿的决定或者赔偿请求人对赔偿的方式、项目、数额有异议的，赔偿请求人可以自赔偿义务机关作出赔偿或者不予赔偿决定之日起 3 个月内，向人民法院提起诉讼。

4.5 维权机构和维权常识

现在主要的农民维权机构有以下几种。政府机构主要是司法部门和社会劳动监察部门，消费者权益保护组织在消费维权中发挥的作用已经较为强大，一些非政府组织（简称 NGO）也为农民朋友维权而服务，但是普及面还是较窄。另外一些维权电话热线、律师事务所、法律服务机构以及网站也是寻求维权服务的较好去处。农民朋友应结合自己所处地区和面临的维权具体事务特点去寻找对应的维权机构和途径。

农民朋友首先要明白自己的权益有哪些，这些可以通过看书和咨询弄明白。当发现自己的权益受到侵害时，就应该向维权机构进行咨询，然后按照正规的司法程序去解决问题，切勿自作主张或受他人煽动而作出过激行为导致不良后果出现。

4.6 信访常识

1.什么是信访？

"信访"是"人民群众来信来访"的简称。根据国务院 2005 年 1 月 5 日修订的《信访条例》的规定："本条例所称信访，是指公民、法人或者其他组织采用书信、电子邮件、传真、电话、走访等形式，向各级人民政府、县级以上政府及其工作部门提出建议、批评、要求的活动。而人们在一般意义上所讲的'信访'，则不仅包括群众向政府部门提出的信访，还包括群众向党委、司法、人大、政协、人民团体等机构以各种方式反映情况、提出建议、批评或提出要求的活动，这属于广义上的'信访'。"

2.关于农村信访的常见问题，信访人应当向哪个机构提出？

《信访条例》第十六条规定："信访人采用走访形式提出信访事项，应当向依法有权处理的本级或者上一级机关提出；信访事项已经受理或者正在办理的，信访人在规定期限内向受理、办理机关的上级机关再提出同一信访事项的，该上级机关不予受理。"

那么，哪个机关依法有权处理问题呢？根据相关法律法规，结合农村信访的主要问题，对有关机关及其信访职责简单介绍如下：①涉及超生、早育，计划生育中违法乱纪，结扎后遗症等问题，应找乡镇或街道计划生育办公室，问题较严重的，也可直接找区人口与计划生育局；②涉及盲聋哑人、残疾人员就业安置等问题，应找区残联；③涉及军烈属、残疾军人、复退军人要求优抚安置、补发证件，要求解决生活困难等问题，应找区民政局；④涉及农村经济和土地调整等农村政策问题，应找区农业局；⑤征占地补偿问题，应找区土地管理部门；⑥涉及水库移民安置等问题，应找当地的移民办；⑦涉及水利纠纷等问题，应找问题发生地的水利部门；⑧涉及公办、民办教师问题，学籍处理，招生、大专毕业生分配等问题，应找区教育局以及教育局下属的招生办公室；⑨涉及城镇房屋管理和私房改造等问题，应找区房管局；⑩涉及拆迁回迁、城镇建设应找区建设局；⑪涉及环境污染等问题，应找区环保局；⑫涉及医疗事故等问题，应找区卫生局或事故发生地卫生局；⑬涉及劳保工资、劳动福利、公伤争议、劳动就业等问题，农村的（包括县城），应找区劳动局；⑭反映的问题涉及好几个部门，或者问题不好归口，以及重大疑难问题，可直接向区信访局投诉或面谈。

3.信访人应负有什么义务？

根据《信访条例》约有关规定，信访人的主要义务有两个方面：一是信访人在提出信访事项时，应当客观真实，对其所提供材料内容的真实性负责，不得捏造、歪曲事实，不得诬告、陷害他人；二是信访人在信访过程中还应当遵守法律、法规，不得损害国家、社会、集体的利益和其他公民的合法权利，自觉维护社会公共秩序和信访秩序。

4.信访人提出信访事项时应注意哪些问题？

信访人在提出信访事项时，一定要注意下列问题。

1）信访人应当如实反映情况，不得捏造、歪曲事实，以免给调查处理带来麻烦和困难，尤其不得诬告、陷害他人，不得伪造材料，否则属违法行为，严重的会依法受到严肃处理。

2）信访人应当通过合法合适的方式提出信访事项。根据《信访条例》，信访人提出信访事项，一般应当采用书信、电子邮件、传真等书面形式。信访人提出投诉请求的，还应当载明信访人的姓名（名称）、住址和请求、事实、理由。对于农村群众来说，通过书信反映问题可能是最经济最普遍的形式。写信时要注意：书写要工整、字迹要清楚，写信人自己不会写或写不好时，可以找人代写，有条件的最好打印；反映问题或提出意见和建议提倡一信一事，就是一封信只反映一个问题或一类问题，这样便于来信的办理和问题的处理；写信时一定要写清楚联系地址和联系人，有电话的最好留下联系电话，有工作单位的应写清楚本单位和上级主管单位名称，这样有利于工作人员进一步了解情况，同时也便于反馈问题的处理结果。信访人需要通过走访的形式反映问题时，应当到有关机关设立或者指定的接待场所提出。多人采用走访形式提出共同的信访事项的，应当推选代表，代表人数不得超过 5 人。

3）公民在信访活动中应当注意，依法应当通过诉讼、仲裁、行政复议等法定途径解决的投诉请求，信访机构不受理，信访人应当依照有关法律、行政法规规定的程序向有关机关提出。

4）信访人对各级人民代表大会及其常委会、人民法院、人民检察院职权范围内的信访事项，应当分别向有关的人民代表大会及其常委会、人民法院、人民检察院提出。

5.信访人提出的哪些信访事项信访机构不予受理？

根据新修订的《信访条例》的规定，对于以下 4 种情形的信访事项，各级人民政府信访工作机构及其他行政机关不予受理。

1）对各级国家权力机关、审判机关、检察机关职权范围内的信访事项。根据宪法和有关法律规定，对属于权力机关、司法机关职权范围内的信访事项行政机关无权受理，但要告知信访人向有权处理的上述机关提出。

2）对已经或者依法应当通过诉讼、仲裁、行政复议等法定途径解决的信访事项。这是为了督促信访人积极通过诉讼、仲裁、行政复议等法定途径解决纠纷，维护权益。为了充分保障信访人的合法权利得以救济，新修订的《信访条例》要求政府信访工作机构及其他行政机关应当告知信访人依照有关法律、行政法规规定的程序向有关机关提出。

3）信访人对已经受理或者正在办理的事项在规定期限内向受理、办理机关的上级机关再提出同一信访事项的，该上级机关不予受理。

4）信访人对复核意见不服，仍然以同上事实和理由提出投诉请求的，各级人民政府信访工作机构和其他行政机关不再受理。

6.信访人对信访事项处理意见不服,请求复查时应注意哪些问题？

信访人对行政机关初步作出的信访事处理意见不服的有机会再次寻求救济，但要注意以下事项：①负责复查的机关是原办理行政机关的上一级行政机关，这就是说，如果原办理机关是人民政府，则复查机关就是上一级人民政府，如果原办理机关是人民政府的工作部门，根据办理机构的隶属关系不同，则复查机关就有可能是上一级主管部门，也可能是办理机关的本级政府；②复查的方式，复查一般需要用书面方式提出，因此申请人需要递交申请书，并载明申请人基本情况、办理机构处理意见、申请复查的理由等内容；③申请复查的期限必须是自收到书面答复之日起 30 日内，超过该时限信访程序就终结，信访人再提出信访机构不再受理；④上级机关的复查必须自收到复查请求之日起 30 日内办理完结。

7. 近年来，少数人在上访时，采取违法方式，如围堵塞国家机关，拦截公务车辆，堵塞公路等，既影响了广大信访的正常信访活动，也扰乱了社会公共秩序，给当地群众工作生活带来了不便，那么信访人在信访过程中哪些行为是被禁止的，有关部门可以采取哪些措施维护公共秩序？

信访人在信访活动中不能破坏信访秩序，一定要按照规则行事，遵守法律和有关规定，"大闹大解决，小闹小解决"的想法是错误的。维护良好的信访秩序，对社会稳定和及时准确解决信访问题都有十分重要的意义。信访人采用走访形式提出意见、建议和要求时，应当到有关行政机关设立或者指定的接待场所提出，并禁止有下列行为：① 不得围堵、冲击国家机关，不得拦截公务车辆；② 不得聚众闹事、冲击机关、拦截车辆、堵塞交通，不得在机关门前静坐、示威、打横幅、散发传单、张贴或铺设大小字报等；③ 不得阻碍接待人员执行公务，不得纠缠、侮辱、殴打接待人员；④ 严禁携带危险品、爆炸品以及管制器械进入接待场所；⑤ 不得将老人、病人、残疾人或婴幼儿舍弃在接待单位；⑥ 反映意见完毕，不得滞留，不得占据办公场所，不得损坏接待场所的公私财物。

对于信访人违反上述规定的，可以进行如下处理：第一，由接待信访的有关国家机关工作人员进行劝阻、批评和教育；第二，经劝阻、批评和教育无效的，由公安机关予以警告、训诫或者制止；第三，违反集会游行示威法律、行政法规，或者构成违反治安管理行为的，由公安机关依法采取必要的现场处置措施、给予治安管理处罚，构成犯罪的，依法追究刑事责任。

8.什么是信访的法律责任？

信访的法律责任是指信访活动的有关各方违反了《信访条例》及其他法律的禁止性规定而应当依法承担的不利后果，这种不利后果可能是行政处罚或行政处分，比如行政拘留甚至劳动教养，也有可能是相当严厉的刑事惩罚，比如判处有期徒刑等。信访法律责任包括信访人违法的责任，也包括国家机关信访工作人员的违法责任。

需要特别说明的是，在信访活动中要确定某人应当承担法律责任必须由专门的国家机关通过法定的程序来作出，也就是说必须要由法定部门按照法律规定的步骤和手续来决定谁应该承担什么责任。

9.农村群众在信访活动中要注意避免出现哪些情况？

越来越多的农民学习法律，通过合法或者适当的方式参与信访，维护自己合法权益，但是也有一些信访行为并不符合法律的规定或精神，这些行为主要有下面几类。

1）集体上访。集体上访一般是指人数超过 5 人的来访。《信访条例》规定："信访人提出信访事项，一般应当采用书信、电子邮件、传真等书面形式；信访人采用走访形式提出信访事项的，应当到有关机关设立或者指定的接待场所提出。多人采用走访形式提出共同的信访事项的，应当推选代表，代表人数不得超过 5 人。"

2）越级上访。《信访条例》规定："信访人采用走访形式提出信访事项，应当向依法有权处理的本级或者上一级机关提出"，如果信访人没有按照这一条规定向有处理权的机关提出而是上访到更高一级国家机关，这就是越级上访。如果对地方政府信访工作不满，可以按照正常程序投诉，也可以写信到更高一级政府或人大，但是随意越级上访，不仅花费巨大，而且也并不见得有助于问题解决。

3）暴力上访。信访是一种法律救济渠道，信访人必须遵守信访规则，依法信访，维护信访秩序，但是有少数信访人却采用暴力手段来达到目的，这种方式不仅是不可取的，而且是一种违法犯罪活动，是要受到法律惩罚的。

4）长期上访。根据《信访条例》，信访问题经过初步处理、复查和复核 3 个环节就已经终结。有少数人为满足自己不正当要求，利用信访为手段，就相同问题上访几年甚至十几年，这就是典型的长期上访甚至叫"缠访"。这种行为不能允许，其要求也不能被满足，如果信访人存在违法行为，还要追究其法律责任。

第 5 章 主要林业法律事务办理程序

第 5 章 主要林业法律事务办理程序

5.1 林地相关手续

5.1.1 办理林权证

1. 林权证的效力是什么?

林权证是依法经人民政府登记核发,由权利人持有的确认森林、林木和林地所有权或使用权的法律凭证。按照《森林法实施条例》规定,林权证式样由国务院林业行政主管部门统一规定。林权证书中详细记载了地块范围、面积、林木蓄积量等山场情况和森林资源状况,明确了林地所有权或者使用权拥有者、地上森林或林木所有者、地上森林或林木使用者等权属内容。当权属中任何一项内容发生变更时,如林地使用权依法发生流转等,需要依法及时办理变更登记手续。依法持有了林权证,权利人就拥有了该林权证记载范围内的森林、林木、林地所有权或使用权。我国《森林法》第三条规定:"森林、林木、林地的所有者和使用者的合法权益,受法律保护,任何单位和个人不得侵犯。"《森林法实施条例》第三条也规定:"国家依法实行森林、林木和林地登记发证制度,依法登记的森林、林木和林地的所有权、使用权受法律保护,任何单位和个人不得侵犯。"因此只要依法拥有了林权证,才能受到法律保护,主张自己的权利。同时,按照我国现行的《土地管理法》的规定,对林地所有权或使用权的登记造册和核发证书,应按《森林法》的规定执行,县级以上地方人民政府依照《森林法》的有关规定核发的确认林地所有权或者使用权的证书,也就是关于该土地所有权或者使用权的证书。1989 年 4 月 18 日全国人大常委会法制工作委员会给原四川省重庆市人大常委会的复函中,曾明确指出:"县级以上地方人民政府依照《森林法》的有关规定核发的确定林地所有权或者使用权的证书,也就是关于该土地所有权或者使用权的证书。"县级以上人民政府颁发的林权证,不仅是森林、林木权属的法律凭证,而且也是林地权属的有效法律凭证。

2. 什么情况下需要申领林权证?

主要有两种情况。一是初次确认申领林权证。林业"三定"以来,我国林区,尤其是国有林区和南方集体林区开展了林地确权发证工作,建立了国家、集体所有的林地权属登记册,许多单位和农户也依法领取了拥有所有权或使用权的权属证书。《森林法实施条例》第三条规定："国家依法实行森林、林木和林地登记发证制度。"第四条、第五条对国家、集体所有的森林、林木和林地以及单位、个人所有的林木林权证发放作出了具体规定。

另一种情况是林权证的变更登记，需要办理变更登记手续，重新换发林权证。随着两权的分离，为适应社会主义市场经济发展的需要，《森林法》规定，符合条件的森林、林木和林地的所有权、使用权可以进行转让，同时，随着全社会关心林业，集体、单位、个人等多种形式承包造林、开发山区积极性的高涨，林权证作为持有人的合法凭证，其持有人不是一成不变的。《森林法实施条例》第六条规定："改变森林、林木和林地所有权、使用权的，应当依法办理变更登记手续。"因此，当林权证中权属等内容发生变化时，必须重新换发林权证。

3. 向什么部门申请办理林权证？

申请办理林权证一般的程序是，由使用者或所有者（权利持有人）向县级以上林业主管部门提出林权登记或变更登记申请，由该级人民政府登记造册，核发证书。具体来说，申请的部门有以下情况。

1）使用国务院确定的国家所有的重点林区的森林、林木和林地的单位，向国务院林业主管部门提出登记申请，并由该部门代理国务院直接核发证书。目前，国务院确定的国家所有的重点林区是指东北、内蒙古国有林区的国家重点森工企业的施业区。

2）使用国家所有的跨行政区域的森林、林木和林地的单位和个人，向共同的上一级人民政府林业主管部门提出登记申请，由该级人民政府发证。如某块森林跨同一市内的两个县，则应向该两县共同的上一级市林业主管部门提出申请，如果属于不同市的两个县，则应向共同的上一级某省或国务院林业行政主管部门申请核发林权证。

3）集体所有的森林、林木和林地，由村集体所有者向所在地的县级人民政府林业主管部门提出登记申请，这里的"所在地"是指森林、林木和林地的所在地。

4）单位和个人所有的林木，由所有者向其所在地的县级人民政府林业主管部门提出登记申请，由该县级人民政府发证确认林木所有权。

5）使用集体所有的森林、林木和林地的单位和个人，向其所在地的县级人民政府林业主管部门提出登记申请，由该县级政府发证确认使用权。

4. 申办林权证应具备的条件和提交的有关材料有哪些？

1）森林、林木、林地的权属无争议。

2）界线清楚，标志明显，与毗邻单位有认界协议书或划拨书。

3）面积、四至界线的登记文件和图面资料同实地吻合。

4）有关图表完备，材料齐全。

5）拥有所有权或使用权的证据材料。

6）其他由受理部门规定应该提交的有关材料。

5.1.2 办理林地征用、占用的手续

根据 2015 年 2 月 15 日国家林业局局务会议审议通过的《建设项目使用林地审核审批管理办法》，占用林地和临时占用林地的用地单位或者个人提出使用林地申请，应当填写《使用林地申请表》，同时提供下列材料。

1）用地单位的资质证明或者个人的身份证明。

2）建设项目有关批准文件，包括可行性研究报告批复、核准批复、备案确认文件、勘查许可证、采矿许可证、项目初步设计等批准文件；属于批次用地项目，提供经有关人民政府同意的批次用地说明书并附规划图。

3）拟使用林地的有关材料，包括林地权属证书、林地权属证书明细表或者林地证明；属于临时占用林地的，提供用地单位与被使用林地的单位、农村集体经济组织或者个人签订的使用林地补偿协议或者其他补偿证明材料；涉及使用国有林场等国有林业企事业单位经营的国有林地，提供其所属主管部门的意见材料及用地单位与其签订的使用林地补偿协议；属于符合自然保护区、森林公园、湿地公园、风景名胜区等规划的建设项目，提供相关规划或者相关管理部门出具的符合规划的证明材料，其中，涉及自然保护区和森林公园的林地，提供其主管部门或者机构的意见材料。

4）具有相应资质的单位作出的建设项目使用林地可行性报告或者林地现状调查表。

在办理审批手续时，应遵循如下规定。

1）建设项目需要使用林地的，用地单位或个人应当一次申请。严禁化整为零、规避林地使用审核审批。

2）建设项目批准文件中已经明确分期或者分段建设的项目，可以根据分期或者分段实施安排，按照规定权限分次申请办理使用林地手续。

3）采矿项目总体占地范围确定，采取滚动方式开发的，可以根据开发计划分阶段按照规定权限申请办理使用林地手续。

4）公路、铁路、水利水电等建设项目配套的移民安置和专项设施迁建工程，可以分别具体建设项目，按照规定权限申请办理使用林地手续。

5）需要国务院或者国务院有关部门批准的公路、铁路、油气管线、水利水电等建设项目中的桥梁、隧道、围堰、导流（渠）洞、进场道路和输电设施等控制性单体工程和配套工程，根据有关开展前期工作的批文，可以由省级林业主管部门办理控制性单体工程和配套工程先行使用林地审核手续。整体项目申请时，应当附具单体工程和配套工程先行使用林地的批文

及其申请材料，按照规定权限一次申请办理使用林地手续。

5.1.3 办理林地转让手续

（1）林权转让

林权转让是指林权所有权人或者使用权人将其可以依法转让的森林、林木的所有权或者使用权和林地的使用权，按照法定程序以有偿或者互换的方式转移给他人的行为。

（2）审批流程

林权的转让应当由转让人报经管理该林权的县级以上人民政府林业主管部门审核批准。

1）国有森林资源的转让，由管理该森林资源的县级以上人民政府林业主管部门审核同意后，转同级人民政府国有资产管理部门批准。

2）已依法实行承包经营的集体林权需要流转的，按《中华人民共和国农村土地承包法》的规定办理；未实行承包经营的集体森林资源的转让，在报管理该森林资源的县级以上人民政府林业主管部门审核批准前，还应当经本集体经济组织成员的村民会议 2/3 以上成员或者村民代表会议 2/3 以上村民代表的同意。

（3）所需材料

转让人申请转让林权，应当向负责审核或者审批该林权转让的县级以上人民政府林业主管部门提交下列材料：

1）书面申请。

2）所有权或者使用权证书。

3）林地类型、坐落位置、四至界址、面积及地形图、林种、树种、林龄等相关证明材料。

4）受让的森林资源用途说明。

5）法律、法规规定应当提供的其他材料。

6）转让共有或者合资、合作经营的林权的，还应当同时提交共有人或者合资、合作各方同意转让的书面意见。转让国有林权的，还应当同时提交拟转让林权的资产评估报告。转让集体林权的，还应当同时提交拟转让林权的资产评估报告及同意集体林权转让的村民会议或者村民代表会议决议。

5.1.4 办理造林验收手续

申报程序如下：

1）造林前，造林承包户向所在镇街申报造林工程，由各镇街林业站将申报小班汇总后上报市林业局，由林业局统一登记备案，经批准后，将申报造林地纳入本年度工程造林计划，未列入计划的年底不予验收。

2）造林完成后，造林承包户向所在镇街提出申请验收。镇街初步验收后，将符合条件的地块、小班，落实到 1∶10000 地形图上，形成小班自查汇总表，以镇街为单位上报市林业局；市政府抽调有关部门人员组成验收组实地进行核查验收。

3）验收标准：

① 造林地集中连片面积 50 亩以上。

② 造林成活保存率 85% 以上。

③ 林种、树种：林种为防护林，树种为侧柏、黑松、刺槐、黄栌、五角枫等绿化树种及板栗、柿子、核桃等干杂果。栽植方式提倡混交林，混交比为 6∶4 或 7∶3，树种以侧柏、黑松等常绿树种为主。

④ 造林密度：侧柏每亩 220 株；黑松、黄栌、五角枫每亩 167 株；刺槐、软枣及核桃、山桃等干杂果每亩 110 株；所栽苗木分布均匀。混交林的密度按照主栽树种、混交树种所占比例分别计算。

⑤ 苗木规格：侧柏、黑松要求使用容器苗，侧柏高 50cm 以上，地径 0.7cm 以上，黑松高 40cm 以上，地径 0.5cm 以上；其他树种一律为 1～2 年生优质壮苗，高 50cm 以上。所有苗木要求根系完整无病虫害。

⑥ 整地：整地应提前一个月，标准为 0.5m×0.5m×0.4m；不提前整地的不予验收。

⑦ 以乡镇为单位，具有系统的造林作业规划设计和造林实施方案。

⑧ 有长期封山管护措施，并落实管护人员，且封育效果良好。

⑨ 不符合申报范围的小班、地块不予验收。

⑩ 造林地块原有树木（3 年生以下）密度在合理密度的 20% 以下的，视为新造林地；原有树木（3 年生以下）密度在合理密度的 20% 以上的，视为有林地，造林不予验收。

5.2 木材采运经营手续

5.2.1 办理林木采伐许可证

1）行政许可依据：《中华人民共和国森林法》第三十二条第 1 款，采伐林木必须申请采伐许可证，按许可证的规定进行采伐。

2）申请林木采伐证应具备以下条件：

① 申请人必须是林木所有者或经营管理者。

② 申请采伐的林木必须符合《森林法》第三十一条的规定。

③ 没有出现《森林法实施条例》第三十一条中的任何一种情况。

3）申请林木采伐许可证，除应当提交申请采伐林木的所有权证书或使用权证书处，还需要提交以下相应的证明文件：

① 国有林业企业单位、国有农场、集体经济组织及定向培育林木的经营单位，还应当提交伐区调查设计文件和上年度采伐更新造林验收合格证明。

② 其他单位还应当提交包括采伐林木的目的、地点、林种、林况、面积、蓄积、方式和更新措施等内容的文件。

③ 个人还应当提交包括采伐林木的地点、面积、树种、株数、蓄积量、更新时间等内容的文件。

④ 采伐征占林地上的林木，还应当提交林业主管部门核发的使用林地审核同意书 。

4）程序：

① 提交采伐申请。

② 实地规划设计。

③ 审批。

④ 办理采伐许可证。

5.2.2 办理木材运输证

办理木材运输证相关内容如表 5.1 所示。

表 5.1　办理木材运输证

许可（审核）事项	木材运输证核发
许可（审核）条件	① 申请人须经县级以上林业主管部门批准具有木材经营（加工）资格；② 木材来源必须合法；③ 按规定缴纳了林业规费 许可数量：凭《林木采伐许可证》办理的《木材运输证》有数量限制，《木材运输证》所准运的木材运输总量，不得超过《林木采伐许可证》上核定的商品木材采伐总量；凭其他依据转办的，只需依据合法有效，无数量限制，申请人为具有独立民事责任能力的自然人或者法人
法律依据（以湖南为例）	①《中华人民共和国森林法》第三十七条；②《中华人民共和国森林法实施条例》第三十五条；③《湖南省林业条例》第二十五条；④《湖南省木材运输证核发管理办法》
办理程序	① 受理，由办证人员即时受理；② 初审，由办证人员依法查验申请材料是否齐全、合法，决定是否受理，如不予受理的，应告知申请人不予办理的原因；③ 现场核实，需现场核实的，从受理之日起 1～2 个工作日内，由当地林业主管部门资源林政管理机构安排人员现场核实；④ 发证，初审合格、不需现场核实的，由办证人员即时发证；需现场核实的，经核实后合格的即时发证，不合格的、不予办理，并告知申请人不予办理的原因

申报资料	①木材经营、加工许可证；②检尺码单；③检疫证明；④林业规费缴纳证明；⑤木材来源合法证明 木材来源合法性证明有下列之一即可：本年度采伐商品材的《林木采伐许可证》；有效的《木材运输证》。作为转办依据的原《木材运输证》的到达地点必须为新田县，并且要符合下列条件之一：①木材直接运到外县，需要转办《省内木材运输证》的，依据为《县内木材运输证》，收货单位应是外县，且在运输有效期内；②木材原材料运到本地加工后转运出去的，凭原《木材运输证》在一年内办理，原《木材运输证》超过一年的，要经当地林业主管部门核实，并签署意见；③木材原材运到本地贮存后转运原材出去的，凭原《木材运输证》在一年内办理，原《木材运输证》超过一年的，要经当地林业主管部门核实，并签署意见；④木材制品运到本地贮存或加工后转运出去的，凭原《木材运输证》在一年内办理，原《木材运输证》超过一年的，要经当地林业主管部门核实，并签署意见。其他合法证明：①没收变价处理的木材，要有处罚决定书；②农村村民在自留地、房前屋后采伐的零星树木，有当地基层林业站的证明；③个人搬迁携带的家具，要有单位证明、户口迁移证明或工作调动证明；基建单位剩余木材，要有原购材运输证和基建单位申请，经当地林业主管部门资源林政管理机构核实的证明；其他县林业局认可的依据。以上材料都必须为原件，复印件无效
办理期限	即时办理，需要核实的法定期限为3天
收费标准	不收费
收费依据	不收费

5.2.3 办理木材经营加工许可手续

办理木材经营加工许可证的主要是各地区的林业行政部门，林业局都是可以办理的。

(1) 申办木材经营加工行政许可应具备的条件

1) 有合法的木材来源，新建人造板、木片厂建厂所在地必须有与建厂产量规模相适应的足够的可供木材资源。

2) 符合木材经营加工行政许可准入条件。

3) 有从事木材经营、加工项目相应的资金。

4) 有与经营加工项目相适应的固定场所和设施。

5) 符合法律法规的有关规定。

(2) 申请人申办木材经营加工行政许可需提交的材料

1) 木材经营加工行政许可申请书。

2) 木材经营加工行政许可申请表（一式三份）。

3) 当地工商部门预先核准企业名称通知书。

4) 单位法定代表人合法身份证明。

5）固定经营场所和木材集材场地证明（房产、土地使用证或租赁合同证明）。

6）项目建议书。

7）县级林业行政机关初审意见及出具当地木材资源证明。

8）市级林业行政机关审核意见及出具当地木材资源证明。

（3）程序

1）申请与受理。公民、法人或者其他组织（以下简称"申请人"）从事木材经营加工活动，依法需要取得木材经营加工行政许可的，应当向县级以上林业行政机关提出书面申请。在县域内向县林业行政机关提出申请，在设区的市域内向市（区）林业行政机关提出申请，申请人可以委托代理人提出木材经营加工行政许可申请，木材经营加工行政许可申请书采用统一格式文本。

林业行政机关对申请人提出木材经营加工行政许可申请，应当根据下列情况分别作出处理：申请材料不齐全或者不符合法定形式的，应当当场或者在 5 日内出具加盖本行政机关专用印章和注明日期"行政许可申请补正材料通知书"，一次告知申请人需要补正的全部内容；申请材料齐全、符合法定形式，或者申请人按照本行政机关的要求提交全部补正材料的，应当受理木材经营加工行政许可申请，出具加盖本行政机关专用印章和注明日期"受理行政许可申请通知书"的书面凭证并告知申请人；林业行政机关不予受理木材经营加工行政许可申请，应当出具加盖本行政机关专用印章和注明日期"不受理行政许可申请通知书"的书面凭证并告知申请人。

2）审查与决定。县级以上林业行政机关对申请人提交的申请材料进行审查。在县域内的木材收购、销售和木材加工（锯材、竹木材加工等）的申请由县级林业行政机关作出行政审批决定，并发给木材经营加工行政许可凭证；在设区的市域内的木材收购、销售和木材加工（锯材、木竹材加工、旋、刨切单板等）的申请由各城区林业行政机关初审同意后，将申请材料报市级林业行政机关，由市级林业行政机关作出行政审批决定，并发给木材经营加工行政许可凭证。

人造板、木片的木材经营加工行政许可审批，由县级林业行政机关初审同意后，并出具当地木材资源证明，将申请材料报市级林业行政机关。市级林业行政机关接到县级林业行政机关报来申请材料后，必要时派出相关技术人员到现场审核，同意后再将申请材料报自治区林业行政机关审批。准予批准决定后，由市级林业行政机关发给木材经营加工许可凭证。

审查不合格的，由书面通知申请人并说明理由，告知复议或者诉讼权利期限。

办理"木材经营加工许可证"的申请表如表 5.2 所示。

表 5.2 办理木材经营加工许可证

审批事项名称	木材经营加工许可证
审批主体	×××市林业局
审批依据	①依据《中华人民共和国森林法实施条例》（2000年1月29日）第三十四条：在林区经营（含加工）木材，必须经县级以上人民政府林业主管批准；②依据《×××森林管理条例》第十七条：在林区开办木材经营和加工厂点必须征得所在施业区林业单位的同意，向县级以上林业行政主管部门和林业局以上森林工业管理部门申领木材经营加工许可证后，工商行政管理部门方可核发木材经营加工点的营业执照
申请审批需具体条件	①有固定的经营加工场所；②有合法的木材来源；③从事木材加工的，有符合国家标准的木材加工设备；④法律、法规规定的其他条件
申办时需提交的材料	①申请办理木材经营加工许可证单位和个人的书面申请；②区（县）林业主管部门出具的现场勘验报告；③木材经营加工许可证审批表（一式四份），并由乡镇林业站（林场）及县、区林业主管部门对申请表填写的内容进行审核并在相应处签署意见、加盖公章
审批程序	办理（换证）木材经营加工许可证，由申请单位（人）提交申请并到县、区林业主管部门办理有关手续→由县、区林业部门依据申请到现场勘验并上报勘验报告→申请单位（人）填写由县、区林业部门提供的木材经营加工审批表（一式四份），乡镇林业站（林场）及县、区林业主管部门对申报表填写的内容进行审核并在相应处签署意见、加盖公章→申请单位（人）持申请，县区林业部门的勘验报告，木材经营加工审批表（一式四份），到市行政服务中心林业窗口办理审批有关手续→由市行政服务中心林业窗口审核有关要件并办理木材经营加工许可证
办结时限	20个工作日
收费标准	工本费50元
收费依据	×财字〔××××〕×号
办理地址	××××××××
联系电话	××××××××

5.2.4 办理木材及其产品进出口手续

企事业单位进出口木材及其产品需要依法办理货物进出口手续，有进出口权的企业单位可以自行办理，没有进出口权的企事业单位需要委托有进出口权的机构代理。一般木材及其产品的进出口手续，应该按照外贸、海关等法律法规规定向外贸部门、海关依法申请办理。

但是，《森林法》第三十八条对于出口珍贵树木及其制品、衍生物作出了规定，即"国家禁止、限制出口珍贵树木及其制品、衍生物"。并对进出口的有关程序进行了规定。这里主要谈谈进出口珍贵树木及其制品、衍生物的有关手续和程序要求。

（1）国家对出口珍贵树木及其制品、衍生物的要求

1）部分珍贵树木及其制品、衍生物禁止出口。具体名录，由国务院林业主管部门会同国务院有关部门制定，报国务院批准发布，目前第一批名录尚未出台。

2）部分珍贵树木及其制品、衍生物限制出口。国家适时调整并限定年度出口总量，具体名录和年度限制出口总量，由国务院林业主管部门会同国务院有关部门制定，报国务院批准。

进口上述珍贵树木及其制品、衍生物则没有禁止或限制。

（2）出口限制出口的珍贵树木或者其制品、衍生物的办理程序

1）出口前述规定限制出口的珍贵树木或者其制品、衍生物的，由出口人向出口人所在地省、自治区、直辖市人民政府林业主管部门提出申请。申请书载明出口种类、名称、数量、价格、限制级别、发货地点、交货地点、用途等内容。

2）受理申请的省、自治区、直辖市人民政府林业主管部门审核后，报国务院林业主管部门批准。

3）出口人凭国务院林业主管部门的批准文件和有关货物出口手续出口货物。

4）出口的树木或者其制品、衍生物属于中国参加的国际公约限制进出口的濒危物种的，需要向国家濒危物种进出口管理机构申请办理允许进出口证明书，海关凭允许进出口证明书放行。

（3）进口珍贵树木或者其制品、衍生物办理程序

国家对于进口一般珍贵树木或者其制品、衍生物，没有限定需要向省、自治区、直辖市林业主管部门申请、审核以及由国务院林业主管部门批准的程序，按照一般货物进口程序办理即可。

但是对于进口的珍贵树木或者其制品、衍生物属于中国参加的国际公约限制进出口的濒危物种的，除了办理一般的货物进口报关手续外，还需要向国家濒危物种进出口管理机构申请办理允许进出口证明书，海关凭允许进出口证明书放行。

5.3 野生动植物经营管理手续

5.3.1 办理野生动物或者其产品进出口手续

野生动物或者其产品的进出口，与保护我国野生动物资源、发展和合理利用野生动物有着密切的关系。尤其是我国已成为《濒危野生动植物种国际贸易公约》成员国，必须遵守公约等各项规定。

（1）进出口野生动物或者其产品应遵循的原则

根据《野生动物保护法》及有关法规的规定，进出口野生动物或者其产品需要遵循下列原则。

1）出口的野生动物或者其产品必须是依法取得的。用于出口的野生动物或者其产品的来源应该是合法的，符合野生动物保护法规的规定，否则就得不到国务院野生动物行政主管部门或者国务院的批准，也不能取得国家濒危物种进出口管理办公室核发的允许进出口证明书。

2）国家严格控制珍稀、特产野生动物活体的出口。我国有许多珍稀的野生动物，为了保持其特殊地位，除国家特殊需要外，是严禁出口的，尤其是活体的野生动物，严格加以控制。对某些人工繁殖的国家重点保护野生动物的活体，可以根据国家特殊需要和对等原则，从数量和种类等方面控制出口。

3）对贸易性出口实行严格管理。为了保护我国的野生动物资源，避免野生动物资源的破坏和枯竭，对贸易性出口野生动物或者其产品实行严格管理，控制出口数量。从事贸易性质的出口单位，需要具有有关商品出口权的外贸公司，否则野生动物行政主管部门、濒危物种进出口管理机构、口岸检疫、商品检验机关和海关不得受理。

总之，国家对于野生动物或者其产品的出口是严格控制和管理的，对于进口则相对比较宽松，没有过多的要求。

（2）进出口野生动物或者其产品的申报程序

1）出口国家重点保护野生动物或者其产品的，以及进出口中国参加的国际公约所限制进出口的野生动物或者其产品的，由进出口单位或者个人向所在地的省、自治区、直辖市人民政府林业行政主管部门申报，经审核同意后，报国务院林业行政主管部门或者国务院批准。

2）属于贸易性进出口活动的，必须委托具有有关商品进出口权的单位承担。

3）动物园因交换动物需要进出口国家重点保护野生动物，以及进出口中国参加的国际公约所限制进出口的野生动物或者其产品的，动物园需要首先向国务院建设行政主管部门提出申请，经审核同意后，报国务院林业行政主管部门批准或者再由国务院林业行政主管部门报请国务院批准。

4）申请野生动物或者其产品允许进出口证明书。根据《野生动物保护法》和《濒危野生动植物种国际贸易公约》的规定，出口国家重点保护野生动物或者其产品的，进出口该公约限制的国际贸易的野生动物或者其产品的，需要向中华人民共和国濒危物种进出口管理办公室申请允许进口证明书、允许出口证明书和允许再出口证明书。其程序是上述报国务院野生动物行政主管部门或者国务院批准后，向中华人民共和国濒危物种科学组提出申请，经该科学组同意后，向中华人民共和国濒危物种进出口管理办公室或者其授权的办事处申请核发允许出口证明书、允许进口证明书。申请允许再出口证明书的，可以直接向中华人民共和国濒危物种进出口管理办公室或者其授权的办事处申请核发允许再出口证明书；我国的口岸检疫、商品检验机关和海关凭允许进出口证明书，分别受理检疫、检验和查验放行。

5.3.2 办理森林植物检疫手续

森林植物检疫是指为了防止危害植物的危险性病、虫、杂草传播蔓延，保护农业、林业生产安全，对森林植物（包括林木种苗）采取的疫情检疫和除治措施。检疫的目的是为了切断危险性病虫的传播途径。如不严格检疫，国际和国内地区间调运种子、苗木和林产品就可能导致危险性病虫传播蔓延，严重影响农林生产安全和人类息息相关的生态环境。

应施森林植物检疫对象是根据《森林法》和《植物检疫条例》等规定办理。包括：林木种子、苗木和其他繁殖材料；乔木、灌木、竹类、花卉和其他森林植物；木材、竹材、药材、果品、盆景和其他林产品。办理森林植物检疫手续应由县级以上的森林植物检疫机构办理，分为产地检疫和调运检疫。

（1）产地检疫手续的办理

产地检疫是对生产、经营应施检疫的森林植物及其产品，在生产期间或者调运之前由森检员或兼职森检员进行的检疫。因此，办理产地检疫时，由生产、经营应施检疫的森林植物及其产品的单位和个人向当地森检机构提出申请，森检员按照《国内森林植物检疫技术规程》的规定进行检疫，对检疫合格的，发给《产地检疫合格证》；对检疫不合格的，发给《检疫处理通知单》，限期进行处理。

（2）调运检疫手续的办理

根据我国《植物检疫条例》和《植物检疫条例实施细则》（林业部分）的规定，凡应施检疫的森林植物及其产品运出发生疫情的县级行政区域之前，以及调运林木种子、苗木和其他繁殖材料不论是否列入应施检疫的植物、植物产品名单和运往何地，在调运之前，都必须经过检疫，取得《植物检疫证书》（分为省内和省外），办理程序如下：

调出单位在应施检疫的森林植物及其产品调出前，根据调入单位向调出单位提出的检疫要求，向所在地的省级森检机构或其委托的单位申请检疫；森检机构按照《国内森林植物检疫技术规程》的规定受理报检和实施检疫；对检疫合格的，发给《植物检疫证书》，对发现森林植物检疫对象、补充检疫对象或者危险性森林病虫的，发给《检疫处理通知书》，责令调出单位在指定地点进行除害处理，合格后发给《植物检疫证书》，对无法进行彻底除害处理的，将作出停止调运、责令改变用途、控制使用或就地销毁等处理决定。

调运应施检疫的森林植物及其产品时，调出单位需要将《植物检疫证书》交给交通运输部门或者邮政部门随货运寄，由收货人保存备查。未取得《植物检疫证书》进行调运的，森检机构将进行补检：途中发现的，向托运人收取补检费；调入地发现的，向收货人收取补检费。

5.3.3 申请确认植物新品种

申请人应当向品种保护办公室提交请求书、说明书和品种照片各一式两份，同时提交相应的请求书和说明书的电子文档。说明书应当包括下列内容：

1）申请品种的暂定名称，该名称应当与请求书的名称一致。

2）申请品种所属的或者种的中文名称和拉丁文名称。

3）育种过程和育种方法，包括系谱、培育过程和所使用的亲本或者其他繁殖材料来源与名称的详细说明。

4）有关销售情况的说明。

5）选择的近似品种及理由。

6）申请品种特异性、一致性和稳定性的详细说明。

7）适于生长的区域或者环境以及栽培技术的说明。

8）申请品种与近似品种的性状对比表。

另外，申请人应当自收到品种保护办公室通知之日起 3 个月内送交繁殖材料。送交繁殖材料为籽粒或果实的，应当送至品种保护办公室植物新品种保藏中心（以下简称保藏中心）；送交种苗、种球、块茎、块根等无性繁殖材料的，应当送至品种保护办公室指定的测试机构。

5.3.4 办理狩猎证

办理狩猎证的程序如图 5.1 所示。

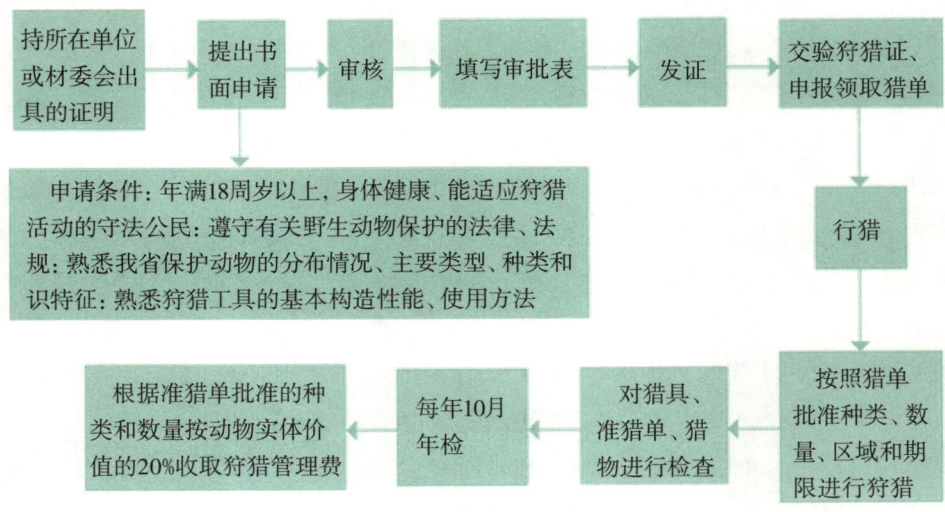

图 5.1　办理狩猎证的程序

5.3.5 办理特许猎捕证

特许猎捕证是由法定国家机关颁发的，批准猎捕国家重点保护野生动物的证明文书，是对国家重点保护野生动物进行严格管理的法律措施。为了对珍贵、濒危的野生动物进行严格的保护，国家禁止对其进行猎捕、杀害，法律规定，因科学研究、驯养繁殖、展览或者其他特种情况，需要捕猎、捕捞国家一级保护野生动物的，必须向国务院野生动物的行政主管部门申请特许捕猎证；需要捕猎二级野生动物的，必须向省、自治区、直辖市政府野生动物行政主管部门申请特许捕猎证。特许捕猎证应注明允许捕猎的动物名称、数量、性别、猎捕的地点、期限方式等。取得特许猎捕证的单位或者个人，必须严格按照规定进行捕猎，并在完成猎捕工作后向发证部门报告。

山东省特许猎捕证的办理流程如表 5.3 所示。

表 5.3　山东省特许猎捕证办理流程

事项名称	特许猎捕许可
受理单位	山东省林业厅
受理部门	山东省野生动植物保护站
受理对象	企业、事业单位、个人
审批依据	《中华人民共和国野生动物保护法》；《中华人民共和国陆生野生动物保护实施条例》；《山东省实施〈中华人民共和国野生动物保护法〉办法》
办理时限	法定3个月内（审批时限经批准可延长10日）
办理流程	① 申请人持其所在地和捕捉地的县级人民政府野生动物行政主管部门签署的意见，向省林业局申请特许猎捕证、狩猎证；② 审查合格的，由省林业局向申请人作出准予行政许可的决定；③ 审查不合格的，由省林业局书面通知申请人并说明理由，告知复议或者诉讼权利
收费及依据标准	省林业厅、物价局、财政厅 鲁林保字〔1994〕3号 资源管理费
提交材料	提供以下资料： ① 申请人须填写《野生动物保护管理行政许可事项申请表》（有固定格式附格式文本）；② 证明申请人身份的有效文件或材料；③ 证明其猎捕目的的有效文件和说明材料；④ 实施猎捕的工作方案，包括申请猎捕的种类、数量、期限、地点、工具和方法
受理地址	山东省济南市文化东路42号省林业厅

5.3.6 办理驯养繁殖许可证

(1) 野生动物驯养繁殖许可证需要的材料

①"野生动物保护管理行政许可事项申请表";②"国家重点保护野生动物驯养繁殖许可证申请表"或"非国家重点保护野生动物驯养繁殖许可证申请表";③证明申请人身份、资格的有效文件或材料;④申请驯养繁殖的野生动物种源来源证明,包括引种协议书或意向书、有效批准文件、进出口证明书、收容救护处理文书等;⑤证明其对驯养繁殖固定场所具有相应使用权的有效文件或材料;⑥驯养繁殖所需资金来源证明;⑦野生动物救治及饲养人员技术能力证明;⑧从事野生动物驯养繁殖的可行性研究报告或总体规划,及野生动物饲料来源说明材料;⑨申请驯养繁殖的各种野生动物的固定场所、防逃逸设施、笼舍、隔离墙(网)等图片,及面积、规格、安全性的说明材料;⑩申请增加驯养繁殖野生动物种类的,需提交原有驯养繁殖的野生动物种类、数量和健康状况的说明材料,及已经取得的驯养繁殖许可证复印件和相关批准文件;⑪与申请项目相关的图纸、照片及媒体材料;⑫市、县林业主管部门审核意见。

(2) 经营利用许可证所需要的材料

①"野生动物保护管理行政许可事项申请表";②当年首次申请的,需提交证明申请人及相关经营利用者身份、资格的有效文件或材料,以及从事相关活动的背景材料或年度报告;③证明国家二级或省一级保护陆生野生动物或其产品合法来源的有效文件和材料,包括特许猎捕证、驯养繁殖许可证、进出口许可证、执法查没物品处理文书、购销发票、个体谱系证明等相关材料;④与申请经营利用的野生动物种类、规模相适应的场所使用权、固定场所和必需的设施、资金储备和固定资产投入、饲养人员技术能力等证明文件及相关照片;⑤申请增加经营利用野生动物种类的,需提交原有经营利用野生动物种类、数量和健康状况的说明材料,以及已经取得的经营利用许可证复印件和相关批准文件;⑥市、县林业主管部门审核意见。

(3) 办理程序

①申请单位(个人)备齐上述材料,向所在地的市(州)林业行政主管部门提出书面申请;②申报材料经市(州)林业行政主管部门审核签署意见后,向省政府政务服务中心林业厅窗口申报;③驯养繁殖国家一级重点保护野生动物的,经省林业厅审核签署意见后,报国家林业局批准并核发驯养繁殖许可证;驯养繁殖国家二级和省重点保护野生动物的,经省林业厅批准,到省政府政务服务中心银行收费窗口缴纳重点保护野生动物驯养繁殖许可证工本费;④申请人持交费凭据在省政府政务服务中心林业厅窗口领取重点保护野生动物驯养繁殖许可证。

第 6 章　主要林业法律机构

第 6 章　主要林业法律机构

6.1 林业行政管理机构

　　林业行政主管部门是指对全国林业生产和建设负有行政管理和指导义务与责任的行政事业单位。其具体构成是由国务院领导下的国家林业局，各省、自治区设立的林业厅（局）及县、市级林业局和乡镇林业工作站。其主要的职责是研究拟定森林生态环境建设、森林资源保护和国土绿化的方针、政策，组织起草有关的法律法规并监督实施；监督全国林业资金的管理和使用；组织开展植树造林和封山育林工作；组织、指导以植树种草等生物措施防治水土流失和防沙、治沙工作；组织、协调防治荒漠化方面的国际公约的履约工作等。

6.2 森林公安机构

　　森林公安局（森林防火办公室）既是国家林业局的职能机构也是公安部的业务部门（公安部十六局），始建于 1948 年，最早在东北。到 2005 年底，除了上海市以外，全国大陆 30个省、自治区、直辖市和新疆生产建设兵团共建有森林公安机构 6700 多个，拥有近 6 万名警力。森林公安已经成为一支遍布全国林区、山区及林业、生态建设与保护紧密相连的专业执法队伍。主要职责如下：

　　1）组织协调、指导监督全国森林防火工作，发布森林火灾信息；指导森林公安工作，管理森林公安队伍；协调和监督查处特大森林案件；联系林业检察院、法院。

　　2）拟定森林公安、森林防火工作的政策、法规、制度、标准，并监督执行。

　　3）指导全国森林公安工作，组织协调、指导、监督全国森林防火工作。

　　4）编制森林公安、森林防火的发展建设规划并组织落实，组织指导森林公安、森林防火装备、基础设施建设，监督检查专项资金使用落实情况，承担警用装备和森林防火专用物资的申请、购置、调拨工作。

　　5）指导森林和野生动植物资源保卫工作，分析、掌握本区社会治安动态。

　　6）组织、指导全国森林公安机关林业行政执法工作和森林防火行政执法工作。

　　7）协调组织打击破坏森林及野生动植物资源违法犯罪活动的统一行动和专项斗争及专项治理，督促查处破坏森林资源、国家重点保护野生动植物资源的特大案件。指导林区治安综合治理工作。

8）指导全国森林公安队伍建设，承担掌握森林公安机构设置、警力配备、警衔审批、领导干部协管、立功受奖工作；组织、指导森林公安教育培训、警务督察、宣传工作；掌握和督察民警违法、违纪案件。

9）制定并实施全国特大森林火灾的扑救预案，承担国务院交办的扑救特大森林火灾的组织协调工作。

10）承担林火监测和火灾预测、预报工作，掌握全国火情动态，发布火灾信息。

11）指导全国森林火灾预防、扑救工作及专业队伍建设，实施森林消防监督，指导、协调航空护林工作，承担与周边国家森林防火协定的履约工作。

12）指导、协调武警森林部队森林防火、扑火业务工作。

13）领导森林火灾预报监测信息中心。

14）承担国家林业局检察院法院工作办公室的工作。

15）归口管理东北航空护林中心、西南航空护林总站、南京森林警察学院，协管长春森林公安培训中心。

16）承办国家林业局、公安部交办的其他事项。

森林公安"因林而建，依林而兴"。根据我国《森林法》等法律法规规定和各地实际情况，森林公安主要承担着五方面职责：一是立案侦查涉林（包括森林资源、野生动植物资源、林地资源等）违法犯罪案件；二是立案查处管辖范围内的治安案件，也就是维护辖区治安秩序稳定；三是根据林业部门授权，立案查处有关林业行政案件；四是负责森林防火工作。国家林业局森林公安局与国家森林防火指挥部办公室是两块牌子、一套人马，是全国森林公安统帅部和全国森林防火参谋部。从各地看，全国有一半的省区森林公安机构与森林防火部门也是合署办公。即使机构分设的地方，比如内蒙古、黑龙江、吉林、河南等省区的森林公安机关，同样承担着森林火灾案件查处、打击野外非法用火等职责；五是东北、内蒙古等大面积国有林区森林公安机关还负责辖区内的全部社会治安管理工作。

6.3 林业检察院、法院

（1）林区人民检察院在林区的地位和作用

可以肯定地说，林区人民检察院在林区的地位是至关重要的。林区检察院是国家设在林区的法律监督机关，肩负着保护森林资源，打击毁林犯罪和各类刑事犯罪，维护林区稳定的重要职责。应当说，林区检察机院与林区公安、林区法院一样，都严格履行各自的责任，为林区社会的和谐稳定和社会进步起到了积极的推动作用。

(2) 林区人民检察院为林区作出的贡献

林区人民检察院扎根林区，并做出了大量卓有成效的工作，为林区的建设和发展作出了积极的贡献。在实际工作中，林区检察院采取了很多具体措施，保证了自身作用的更好发挥。一是不断适应林区社会现状，增强服务的主动性；二是努力了解林区社会需求，增强服务的针对性。并注意发现林区社会在新的经济形势下面临的新情况、新问题、新困难。从而，在保护林区人民群众合法权益上，支持林区社会健康发展上，都作出了积极贡献。同时，在执法过程中，能够坚持宽严相济、区别对待，正确把握法律政策界限，从保障林区社会和谐稳定的角度出发，作出慎重处理，做到法律效果和社会效果的统一。

(3) 林区人民检察院的职能

人民检查检察机关在宪法上被定位为"法律监督机关"，这是中国司法包括中国政治体制的一个特点。而林区人民检察院在林区社会履行监督的功能，对林区公安机关的侦查活动，林区人民法院的审判活动，刑罚执行机关的活动实行监督。目的在于保障执法和司法活动的合法性，同时，林区检察机关依照宪法和法律，承担着侦查林区社会工作人员职务犯罪的功能，这也是一种权力制约，是以法制权的行为，也是保障林区社会工作人员行为的合法性。所以，林区检察机关的职能主要体现在揭示事实真相，追诉犯罪，保障人权，守护法律，这既符合林区的实际需求，又有利于推进林区社会的法制化进程。

(4) 林区人民检察院的现状和存在的必要性

当前，随着国家司法体制改革的不断深化，林区检察机关的现状也有着一些改变。主要体现在体制运行、权力行使、经费保障、装备建设等方面。一是管理体制问题。林区检察机关对同级权力机关负责。在林区检察系统中，无论是分院还是基层院，均对省级权力机关负责，但林区检察机关却与驻地权力机关没有任何关系。从具体管理看，林区检察机关由管理局和各林业局党委管理；二是经费来源问题。多年来林区检察机关虽然行使着法律监督机关的职责，但经费却一直由企业承担，作为国家纳税人的企业却要承担向林区检察机关拨款的重担，由于国家林业政策改变木材采伐逐年调减经费越来越紧张，这也给林区人民检察院的工作带来了一定难度。但总的来看，林区人民检察院在深入推进社会矛盾化解、社会管理创新、公正廉洁执法和维护社会和谐稳定中都起着不可替代的作用，林区人民检察院的存在是十分有必要的，它是实现林区经济社会发展有力的司法保障。

(5) 森林人民法院

森林人民法院是国家在林区设立的，专门审理有关森林案件的审判机关，是中国的专门人民法院的一种。依照有关规定，在大面积国有林区的国营林业局和木材水运局所在地设立森林人民法院；在林管局所在地或国有林集中连片区，根据实际需要，设立森林中级人民法院。在业务上，森林人民法院受森林中级人民法院监督，或受其所在地中级人民法院监督；

森林中级人民法院受省、自治区高级人民法院监督。森林人民法院主要负责由林区人民检察院起诉或支持公诉的有关森林犯罪案件、不服人民政府调处的森林纠纷案件和不服林业主管部门处罚的森林行政案件的审理，并直接受理因森林问题引起的、因果关系清楚、有原告和被告、不需要侦查、但需要追究刑事责任的轻微伤害案件。

6.4 林政管理机构

林政管理是针对林业经营过程中所涉及的管理问题，依照林业相关政策法规，对林业相关产业实施的业务管理。其核心内容包括"六管理一执法"，即林业经营管理、林权管理、森林资源管理、野生动植物保护和自然保护区管理、林木采伐管理、木材流通管理和林业行政执法。

我国一些地方林业部门设有林政管理稽查队属于林政管理机构，其主要职责如下：

1）贯彻执行有关森林资源保护的方针、政策和法律法规；监督、指导并组织实施林业综合行政执法工作。

2）实施对林政资源保护管理工作的监督；开展对从事森林资源利用的各种活动进行检查与监督。

3）负责基层木材检查站建设的指导及木材运输的监督管理。

4）承办各种林业行政案件的受理与查处。

6.5 野生动植物行政管理机构

国务院林业、渔业行政主管部门分别主管全国陆生、水生野生动物管理工作。省、自治区、直辖市政府林业行政主管部门主管本行政区域内陆生野生动物管理工作。自治州、县和市政府陆生野生动物管理工作的行政主管部门，由省、自治区、直辖市政府确定。县级以上地方政府渔业行政主管部门主管本行政区域内水生野生动物管理工作。

6.6 政策法规工作机构

这个机构主要在国家一级为国家林业局政策法规司，主要职能是提出林业及其生态建设的综合性方针、政策建议；拟订林业法制建设规划和年度工作计划；组织起草有关法律法规，拟订部门规章；负责林业行政执法监督，协调行政执法中的重大问题；承担林业行政应诉、行政复议和听证相关工作；承办林业行政许可相关工作；提出林业及其生态建设的综合性方针、政策建议；拟订林业法制建设规划和年度工作计划；组织起草有关法律法规，拟订部门规章；负责林业行政执法监督，协调行政执法中的重大问题；承担林业行政应诉、行政复议和听证相关工作；承办林业行政许可相关工作。

6.7 林业工作站

林业工作站的职能如下：

1）宣传与贯彻执行森林和野生动植物资源保护等法律、法规和各项林业方针、政策。

2）协助乡镇人民政府制定林业发展规划和年度计划、组织和指导农村集体、个人开展林业生产经营活动。

3）配合林业行政主管部门开展资源调查、造林检查验收、林业统计和森林资源档案管理工作，掌握辖区内森林资源消长和野生动植物物种变化情况。

4）协助林业行政主管部门管理林木采伐工作，配合做好林木采伐的伐区调查设计，并参与监督伐区作业和伐区验收工作。

5）配合林业行政主管部门和乡镇人民政府做好森林防火、森林病虫害防治工作。

6）依法保护、管理森林和野生动植物资源；依法保护湿地资源。

7）协助有关部门处理森林、林木和林地所有权或者使用权争议、查处破坏森林和野生动植物资源案件。

8）协助林业行政主管部门管理辖区内的乡村林场、个体林场。

9）配合乡镇人民政府建立健全乡村护林网络，负责乡村护林队伍的管理。

10）推广林业科学技术，开展林业技术培训、技术咨询和技术服务等林业社会化服务，为林农提供产前、产中、产后服务。

11）根据国家有关规定代收和协助管理各项林业行政事业性收费等。

12）承担县级林业行政主管部门委托的其他事项。

6.8 森林植物检疫机构的相关问题

森林植物检疫机构主要是林业部门中对国内森林植物进行检疫的单位，其主要职能有：确定植物检疫对象和应施检疫森林植物及其产品名单，划定疫区、保护区，开展产地检疫和调运检疫，进行国外引种检疫审批等，下列相关问题也同样需要我们清楚。

1. 什么是植物检疫？

植物检疫是以法规为依据，通过法律、行政和技术的手段，对生产和流通中的某些感染特定病虫害的植物和植物产品采取禁止和限制措施，以防止这些病虫杂草和其他有害生物的人为传播，保障国家农、林业生产安全的各种措施的总称。

2. 植物检疫的主要任务是什么？

防止外来危险性病虫侵害，防止本国危险性病虫外传，防止国内植物检疫对象扩散，保障植物性商品正常流通。

3. 什么是国家林业检疫性有害生物？

指在我国境内局部地区发生，危险性大，能随植物及其产品传播，经国家林业局发布禁止传播的林业有害生物。

4. 国内森林植物检疫的具体工作内容是什么？

国内森林植物检疫，其主要内容包括：确定植物检疫对象和应施检疫森林植物及其产品名单，划定疫区、保护区，开展产地检疫和调运检疫，进行国外引种检疫审批。

5. 执行检疫任务时对植物检疫人员有哪些规定？

植物检疫人员进入车站、机场、港口、仓库以及其他有关场所执行检疫任务时，应穿着检疫制服和佩戴检疫标志。

6. 调运哪些植物和植物产品必须经过检疫？

调运植物和植物产品属于下列情况的必须经过检疫。

1）列入应施检疫的植物、植物产品名单的，运出发生疫情的县级行政区域之前，必须经过检疫。

2）凡种子、苗木和其他繁殖材料，不论是否列入应施检疫的植物、植物产品名单和运往何地，在调运之前，都必须经过检疫。

7. 应施检疫的森林植物及其产品包括哪些内容？

1）林木种子、苗木和其他繁殖材料；

2）乔木、灌木、竹类、花卉和其他森林植物；

3）木材、竹材、药材、果品、盆景和其他林产品。

8. 应施检疫的森林植物及其产品名单包括哪些？

1）林木种子、苗木和其他繁殖材料。

2）乔木、灌木、竹子等森林植物。

3）运出疫情发生县的松、柏、杉、杨、柳、榆、桐、桉、栎、桦、槭、槐、竹等森林植物的木材、竹材、根桩、枝条、树皮、藤条及其制品。

4）栗、枣、桑、茶、梨、桃、杏、柿、柚、梅、核桃、油茶、山楂、苹果、银杏、石榴、荔枝、猕猴桃、枸杞、沙棘、杧果、肉桂、龙眼、橄榄、腰果、柠檬、八角、葡萄等森林植物的种子、苗木、接穗，以及运出疫情发生县的来源于上述森林植物的林产品。

5）花卉植物的种子、苗木、球茎、鳞茎、鲜切花、插花。

6）中药材。

7）可能被森林植物检疫对象污染的其他林产品、包装材料和运输工具。

9. 应施检疫的种苗等繁殖材料包括哪些？

繁殖材料包括野生、栽培种子、果实、苗木（含试管苗）、插条、接穗、砧木、叶片、芽体、块根、块茎、鳞茎、球茎、花粉、细胞培养材料等。

10. 如何办理调运检疫手续？

应施检疫的森林植物及其产品运出发生疫情的县级行政区域之前以及调运林木种子、苗木和其他繁殖材料必须经过检疫，取得《植物检疫证书》。省、自治区、直辖市间调运必须经过检疫的植物和植物产品，调入单位必须事先征得所在地的省、自治区、直辖市植物检疫机构的同意，并向调出单位提出检疫要求。调出单位必须根据该检疫要求向所在地的省、自治区、直辖市植物检疫机构申请检疫。

11. 如何签发《植物检疫证书》？

"植物检疫证书"按一车（即同一运输工具）一证核发。"植物检疫证书"（正本）应当交给交通运输部门或者邮政部门随货运寄，由收货人保存备查。

12. 受理调运检疫在时限上有哪些规定？

森检机构从受理调运检疫申请之日起，应当于15日内实施检疫并核发检疫单证。情况特殊的经省、自治区、直辖市林业主管部门批准，可以延长15日。

13. 调运检疫中对可能染疫的其他物品应如何实施检疫？

调运检疫时森检机构除对调运物品实施检疫外，对可能被森林植物检疫对象、补充森林植物检疫对象或者检疫要求中的危险性病、虫污染的包装材料、运载工具、场地、仓库等也应实施检疫。如已被污染，托运人应按森检机构的要求进行除害处理。

14. 因实施检疫、复检所需费用由谁承担？

因实施检疫发生的车船停留、货物搬运、开拆、取样、储存、消毒处理等费用，由托运人承担。复检时发现森检对象、补充森检对象或者检疫要求中的危险性森林病、虫的，除害处理费用由收货人承担。

15. 什么情况下进行补检？

我国的植物检疫法规明确规定，列入应施检疫的森林植物及其产品名单的物品调运前必须经过检疫，取得"植物检疫证书"，准予调运。未取得"植物检疫证书"调运应施检疫的森林植物及其产品的，属违章行为，应予补检。

16. 补检费由谁承担？收费标准有何规定？

在调运途中被发现的，由途中所在地森检部门补检，向托运人收取 3 ～ 5 倍的补检费。在调入地被发现的，由调入地森检部门补检，向收货人收取 3 ～ 5 倍的补检费。

17. 检疫机构对违规调运的植物和植物产品有哪些管理权限？

植物检疫机构对违反《植物检疫条例》规定调运的植物和植物产品有权予以封存、没收、销毁或者责令改变用途。

18.《植物检疫条例》对违章调运有哪些处罚规定？

有下列行为之一的，森检机构应当责令纠正，可以处以 50 ～ 2000 元罚款；造成损失的，应当责令赔偿；构成犯罪的，由司法机关依法追究刑事责任：

1）未依照规定办理"植物检疫证书"或者在报检过程中弄虚作假的；

2）伪造、涂改、买卖、转让植物检疫单证、印章、标志、封识的；

3）未依照规定调运、隔离试种或者生产应施检疫的森林植物及其产品的；

4）违反规定，擅自开拆森林植物及其产品的包装，调换森林植物及其产品，或者擅自改变森林植物及其产品的规定用途的。

5）违反规定，引起疫情扩散的。

有前款第 1）～ 4）项所列情形之一，尚不构成犯罪的，森检机构可以没收非法所得。对违反规定调运的森林植物及其产品，森检机构有权予以封存、没收、销毁或者责令改变用途。销毁所需费用由责任人承担。

19. 当事人对植检机构行政处罚不服怎么办？

当事人对植物检疫机构的行政处罚决定不服的，可以自接到处罚通知书之日起 60 日内，向作出行政处罚决定的植物检疫机构的上级机构申请复议。对复议决定不服的，可自接到复议决定书之日起 15 日内向人民法院提起诉讼。

20. 如何办理从国外引种检疫审批手续？

《植物检疫条例》中规定：任何单位和个人从国外引进种子、苗木，引进单位应当向所在地的省、自治区、直辖市植物检疫机构出申请，办理检疫审批手续。

21. 申请引种审批应提供哪些材料？

申请引种审批时，需提供以下材料：

1）在原产地引进种苗的病虫害发生情况材料。

2）引进种苗的隔离试种计划和管理措施。

3）再次引进相同品种种苗时，需出示国内种植地森检机构出具的疫情监测报告。

22. 森林病虫害防治检疫的行政许可具体流程是如何办理的？

以辽宁省为例。辽宁省森林病虫害防治检疫站二项行政许可上省政府门户网：森林病虫害防治检疫二项行政执法许可《森林植物省间调运检疫》《从国外引进林木种苗检疫》已上省政府门户网。通过进入该网首页（www.ln.gov.cn）在网上办事的办事指南中，查找办事部门的省森林病虫害防治检疫站一栏，可清晰地查看二项行政许可的法律及政策依据、申请条件、申请材料、许可程序、办事时限以及主办单位及办公电话、单位地址和邮政编码，并有行政监督电话等，还登有表格下载、网上受理和视频讲解，图文并茂，声影同步，体现了森林植物检疫执法的公正透明、便民服务，为更好地行政执法奠定了良好的基础和平台。

6.9 国家濒危物种进出口管理办公室

根据《国家林业局办公室关于印发国家林业局濒危物种进出口管理中心职能配置的通知》（办人字〔2000〕49号），中心的主要职责如下：

1）在国家林业局组织下，参与研究拟定国家野生动植物进出口管理工作的方针、政策和法律、法规，协助主管部门组织协调全国野生动植物进出口管理工作。

2）代表我国政府与《濒危野生动植物种国际贸易公约》（简称《公约》）所属机构及缔约国《公约》管理机构进行事务联系，会同有关部门统一制定履行《公约》的对外政策，参与研究处理与《公约》相关的重大国际事务和港澳台履约的有关事务。

3）组织研究各缔约国提交《公约》的决议、提案等文件，并提出相应的对策；会同有关部门向《公约》提出我国的决议、提案等文件草案。负责陆生野生动物和珍稀野生植物的履约工作。

4）在国家确定的年度野生动物猎捕、野生植物采集和经营利用总限额内，负责提出全国野生动植物和珍贵树木进出口限额计划，经主管部门授权，负责审批国家二级野生动物及其产品、国家一、二级野生植物及其产品的进出口，核发野生动植物或其产品的《允许进出口证明书》；统一印制和管理使用《允许进出口证明书》。

5）负责对野生动植物或其产品进出口经营单位和个人的登记、注册；负责进出口野生动植物或其产品的鉴别和标记管理工作；负责非营利性种用野生动植物的进口免税工作。

6）协助监督检查口岸、边贸野生动植物或其产品的贸易情况，配合有关部门开展进出口野生动植物或其产品的执法活动及案件查处工作。

7）会同有关部门开展对非法进出口濒危物种的收容救护和被没收物种的返还、接收及处理工作。

8）负责各办事处的业务管理、财务管理和人员培训，协助人教司抓好人事管理工作。协助有关省、自治区、直辖市林业厅（局）抓好办事处的党的建设和机关建设工作。

9）承办国家林业局交办的有关事宜。

10）下设处室有：办公室、综合处、动物进出口管理处、植物进出口管理处、公约事务处、执法培训处、受理送达室、审计监查处。

6.10 中国野生动物保护协会

中国野生动物保护协会（CWCA）是一个具有广泛代表性的野生动物保护组织，于 1983 年 12 月在北京成立，是中国科协所属全国性社会团体，常设办事机构为秘书处，行政上受国家林业局领导。到 2010 年底，中国已拥有省、地、市、县级协会 773 个，拥有会员 36 万多人，它是由野生动物保护管理、科研教育、驯养繁殖、自然保护区工作者和广大野生动物爱好者组成的群众团体，其宗旨是推动中国野生动物保护事业的发展，为保护、拯救濒危、珍稀动物作出贡献。其主要任务是：组织会员贯彻国家保护野生动物的方针、法令，开展拯救和保护珍稀野生动物的宣传教育，开展保护野生动物的科学研究、学术交流，提供经营管理野生动物资源的技术业务咨询，筹募保护野生动物的资金，同各国自然保护组织和机构建立联系，参与有关国际合作与交流。其主要职能如下：

1）组织调动社会力量，开展保护野生动物及国家有关方针、政策、法律的科普宣传教育。

2）组织开展保护野生动物的科学研究、学术交流、科学普及和专业技术培训活动，同国外野生动物和自然保护组织、个人建立联系，组织开 展国际交流及合作。

3）组织开展国际狩猎、生态旅游等野生动物资源开发经营活动；为野生动物保护、养殖、经营利用及其有关单位提供业务咨询和服务；组织参与野生动物产业活动，负责野生动物行业协会、联合会的联络与协调；根据主管部门委托承担一定行业管理工作。

4）组织野生动物及其产品的国际、国内交流和中介服务。

5）组织开展特产、珍稀野生动物（标本）的国内外展出、展览；在国内外募集保护野生动物的资金，寻求各方面的支持和帮助。

6）组织野生动物保护方面的影视、出版、文体合作项目的实施；组织企业共同开展野生动物保护社会公益活动。

7）负责协会组织建设和自身建设；对从事或支持野生动物保护工作，或在保护、发展和合理利用野生动物资源方面做出显著成绩的单位和个人进行表彰奖励或授予荣誉。

第 7 章 林农法律维权典型案例

第7章　林农法律维权典型案例

7.1 林业局处理妥当吗？

案情：某村在 20 世纪 70 年代发展了 120 亩果园，至 90 年代中期，由于品种老化，果园已经是负产出。村两委经过研究，决定对果园进行采伐更新。决定作出后，村委未办采伐许可证即组织实施了采伐。案发后，林业主管部门经调查，认为该村采伐的是没有经济价值的果园，且采伐是为了更新，故只责令该村补种树木，没有进行罚款。

分析：林业主管部门这样处理是不适当的。因为根据《森林法》第四条规定，森林分为五类，经济林木（果树）也属于森林的一类。根据《森林法》第三十二条第 1 款规定，采伐林木必须申请采伐许可证，按许可证的规定进行采伐。该村委会应该在采伐前申办林木采伐许可证，但未申办采伐许可证就进行采伐，其行为涉嫌滥伐林木，应根据《森林法》第三十九条第 2 款或者第 4 款规定进行处罚（根据采伐的数量来定）。

7.2 擅自砍伐杉木幼林应如何定性？

案情：1993 年 12 月 30 日，×县×镇×村一组将连坞山杉木幼林（人工林）承包给村民陈多明、陈其虎经营，承包期限为 15 年。1999 年，经审批砍伐一次后，杉木幼林继续留养。同年下半年，被告人余忠根（同村村民）为了自己能在该山上种植山核桃树，在未经林业主管部门审批及承包人同意的情况下，雇请本镇潘家村张会华、朱云飞等人将杉木幼林砍伐，并开垦连坞山，种上山核桃树苗。经林业技术人员现场勘查鉴定，砍伐杉木幼林 19 亩，计 1425 株，直接经济损失 4275 元。

分析：

第一，被告人余忠根故意毁坏他人承包的林木，已达到数额较大的起点。浙江省两高院及公安厅《关于办理森林资源刑事案件若干问题的通知》第四条规定："在生产、施工等活动中，违反森林管理法律法规，毁坏生产中的林木 30 立方米或幼树 1500 株以上的，或者有其他严重情节的，依照《刑法》第二百七十五条故意毁坏财物罪定罪处罚。"因此，该案应定故意毁坏财物罪。

第二，被告人余忠根故意毁坏的是他人承包经营的林木，事实上破坏了他人的生产经营权。《关于办理森林资源刑事案件若干问题的通知》第三条第 1 款明确规定："因泄愤报复或其他个人目的，毁坏生长中林木 20 立方米或幼树 1000 株以上的，或者达到该数量百分之八十以上的，并且有其他严重情节的，依照《刑法》第二百七十六条破坏生产经营罪定罪处罚。"被告人余忠根毁坏的是生长中的幼树，且达到定罪起点，应定破坏生产经营罪。

第三，被告人余忠根未经批准，擅自砍伐林木，已达数量较大的起点，应定滥伐林木罪。

审理结果：被告人余忠根的行为具备以上三种罪的构成要件，但究其本质特征，更符合滥伐林木罪的构成要件，定滥伐林木罪更为确切。理由如下：

1）从上述三罪的主观因素考虑，故意毁坏财物罪和破坏生产经营罪的主观方面，行为人都有一定的个人目的，主要表现在报复泄愤。本案被告人余忠根的行为是为了达到自己能在该山上种植山核桃树的目的，所针对的对象不是该幼林的所有者或经营者。其主观目的并非为损毁他人财物，也不是为了泄私愤、报复承包人，其侵犯的是强制性的林业资源的审批制度。

2）从犯罪行为实施的时间上分析，《关于办理森林资源刑事案件若干问题的通知》规定，在生产、施工中毁坏幼树的定故意毁坏财物罪，应理解为毁坏幼树的行为发生在依法生产、施工过程中。被告人余忠根无任何依据在他人承包的林地上侵犯了他人的权益，种植山核桃树苗，属非法生产。故本案不能认定为在生产中毁坏幼树，不能不看其他特征，而简单地直接套用《关于办理森林资源刑事案件若干问题的通知》的规定而定故意毁坏财物罪。

3）从牵连犯的处罚原则来分析，该三种罪名主刑均相同，只有滥伐林木罪有并处罚金的附加刑。可见，滥伐林木罪相对于故意毁坏财物罪、破坏生产经营罪要重。因此，被告人余忠根的行为应定滥伐林木罪。

7.3 本案是构成盗伐林木罪还是滥伐林木罪？

案情：2003 年 5 月底，黄某为承包王元村泥坑责任山场，先后找到王元村的十户山场的承包经营户，强行要求村民转让承包权。在没有征得承包经营户同意的情况下，强行支付每户 200 元的价格，并强迫承包户在其事先打印好的《承包合同》上签字，承包经营泥坑山场。此后，黄某又分别找到王元村猪婆坑山场的承包经营户十人，以相同的方式承包猪婆坑山场，并对部分不同意签字拿钱的村民进行暴力殴打。承包两山场后，黄某未经林业部门批准取得林木采伐许可证，擅自雇请民工在泥坑、猪婆坑山上砍伐杉木 51.769 立方米，折合立木蓄积 73.276 立方米，得赃款 17000 余元。

分析：本案中对黄某强行承包山场的行为构成强迫交易罪没有异议，但对黄某砍伐林木的行为构成盗伐林木罪还是滥伐林木罪存在两种不同的意见。

第一种意见认为，被告人黄某与村民签订《承包合同》中虽采取暴力手段，但已取得了山场经营权，其未经林业行政主管部门批准取得采伐许可证的情况下，砍伐林木数量较大，构成了滥伐林木罪。

第二种意见认为，被告人黄某与村民签订《承包合同》中采取暴力手段，该合同无效，黄某没有取得山场经营权和林木所有权。其未经林业行政主管部门批准取得采伐许可证的情况下，砍伐林木数量较大，构成了滥伐林木罪。

黄某采取强迫交易的方式与村民签订的《承包合同》，其形式上似乎合法，但因其本质是通过犯罪手段来达到夺取村民的山场承包经营权和林木的收益权，其目的是非法占有的。根据《合同法》第五十二条的规定，因而该《承包合同》是无效的。无效的合同自始就没有法律约束力，因此黄某对泥坑山场和猪婆坑山场的林木就不拥有所有权。

审理结果：第二种意见。

7.4 买卖未办理林木采伐许可证森林合同是否有效？

案情：2003年6月，上诉人张小毛与岭东乡东山村签订了一份买卖合同。合同约定：张小毛出价2.6万元购买东山村万斤坑68亩林地上的森林。同年6月14日，张小毛即以9万元的价格将该合同转让给被上诉人钟永生、黄冬林，并签订了一份买卖合同，合同还约定，张小毛在合同签订后半个月办齐林木采伐许可证等有关手续。钟永生、黄冬林先后付给张小毛81500元，张小毛仅于2003年7月31日提供给钟永生、黄冬林2003年7月31日至12月21日35立方米的林木采伐许可证。后钟永生、黄冬林在间伐部分林木时，被县林业局封山，在运输杉木时被森林公安分局以无证运输扣车罚款。此外，钟永生、黄冬林请人伐木、运木、修路等付工资42030元，卖杉木棍得款31005元。因合同不能继续履行，双方产生纠纷，钟永生、黄冬林诉至县人民法院，请求判令解除合同，由张小毛返还已收取的81500元，并赔偿经济损失9万余元。

分析：县人民法院认为，张小毛与钟永生、黄冬林签订的买卖合同，是双方当事人的真实意思表示，合同有效。张小毛依约应在合同签订半个月内向钟永生、黄冬林提供林木采伐许可证和木材运输证，而仅提供35立方米杉木采伐许可证，且未提供木材运输证，导致合同无法履行，合同可以解除。对造成钟永生、黄冬林的经济损失，张小毛应承担违约赔偿责任。但钟永生、黄冬林无证运输林木损失，因系钟永生、黄冬林自身过错所致，应由钟永生、黄冬林自行承担。该院依照《中华人民共和国合同法》相关规定进行判决：①准予钟永生、黄冬林与张小毛解除买卖合同；②由张小毛返还已付价款的50495元，并赔偿钟永生、黄冬林经济损失42030元，合计92525元。案件受理费3505元，由张小毛负担。

市中级人民法院经审理认为，本案的焦点是双方签订的买卖合同是否有效，造成的损失是多少，双方有无过错，责任应如何承担。

《合同法》第五十二条规定的合同无效事由的第5项，即违反法律行政法规的强制性规定，故张小毛与钟永生、黄冬林签订的买卖合同无效。原审法院认定双方签订的买卖合同有效不当，应予纠正。

《森林法》规定："采伐林木必须申请采伐许可证，按许可证的规定进行采伐"，"从林区运出木材，必须持有林业主管部门发给的运输证件"，"在林区经营（含加工）木材，必须经县级以上人民政府主管部门批准"。

　　根据《中华人民共和国合同法》第五十八条的规定，因无效合同取得的财产，应当予以返还；不能返还或者没有必要返还的，应当折价补偿。有过错的一方应当赔偿对方因此所受到的损失，双方都有过错的，应当各自承担相应的责任。

　　审理结果：市中级人民法院判定：①撤销县人民法院民事判决；②张小毛返还钟永生、黄冬林购林木款50495元；③钟永生、黄冬林修路、砍伐林木等经济损失42030元，由张小毛承担55%，计23116.50元，余40%，计18913.50元，由钟永生、黄冬林自负；④二审案件受理费8000元，由张小毛承担75%，计6000元，由钟永生、黄冬林承担25%，计2000元。

　　注意：鉴于钟永生、黄冬林是处被动地位，过错较张小毛要小，对自己的损失亦应承担相应的民事责任，没有进一步追究无证采伐、无证运输的行为。

7.5 砍树起纠纷，复议辨是非

　　案情：1999年，申请人（某市铁路电器厂）经批准在厂区内建房及招待所。同年10月11日，第三人（某市铁路分局）向申请人核发《铁路林木采伐许可证》，批准申请人采伐厂区内乔木树17株。兹后，申请人先后砍伐直径15～20厘米树木13株，尚有4株有待砍伐。2000年1月12日，被申请人（某市园林绿化管理局）以申请人"擅自砍伐树木17株，冬青7株"为由，依据《某市园林绿化管理办法》第三十八条第3款之规定，决定予以罚款42900元。申请人对处罚决定不服，于1月20日向市政府提出复议申请，以"伐树持有铁路局颁发的采伐许可证，手续齐全，符合有关规定"等为由，依法向市政府申请复议，要求撤销被申请作出的具体行政行为。

　　分析：这是一起因未经主管部门批准，擅自采伐树木而受到行政处罚，引起的行政复议案件。本案申请人未经林业、园林部门批准擅自采伐树木的事实比较清楚，但在复议案件审理过程中，涉及法律、法规和规范性文件的有关规定不一致问题；牵涉到铁路、园林、林业等部门审核发放林木采伐许可证等职权如何界定等问题，情况比较复杂。

　　根据《森林法》有关规定，"铁路部门仅对铁路护路林的更新采伐审批发放采伐许可证，无权超越此范围审核发放采伐许可证"。

　　市政府决定：维持被申请人作出的罚款42900元的决定，并决定：市内各区及各县级市的城市绿化管理管理工作统一由市园林绿化管理部门负责；城区以外，铁路两侧的护路林由铁路主管部门根据授权范围实施管理；其他林木由林业主管部门负责。

7.6 供电局为维护线路而砍伐林木，林业局作出的行政处罚是否妥当？

案情：因马尾松的成长影响原告某供电局维护的高压线路安全，供电局派人至某村山岭，将高压线路下的马尾松（系当地村民集体所有）砍倒后离开，其砍伐树木被当地村民捡走。被告某林业局接到报案，对此事进行调查后予以立案，经鉴定被伐树木共计163株，木材材积为7.4906立方米，年轮为9～19年不等。

根据调查结果及鉴定结论，被告林业局认为原告供电局在未申请采伐证的情况下擅自砍伐树木，属于滥伐林木：①滥伐处罚款13857元；②林木赔偿2771.4元；③补种滥伐树木5倍815株或缴纳补植树木款815×3元＝2445元。

原告不服，遂提起行政诉讼。原告供电局诉称，根据《电力法》《电力设施保护条例》的有关规定，原告有权将危及高压线路安全的树木予以砍伐、排除妨碍，属一种行政执法行为。被告对此进行立案处罚，其处罚违反法定程序，适用法律错误，原告不属滥伐林木。故请求依法撤销该处罚决定。

被告林业局辩称，原告作为电力部门，只有在依法的前提下，才有权在电力设施保护区内砍伐林木，排除妨碍。现原告未经批准擅自砍伐大面积林木，其行为违反了我国《森林法》，属于滥伐林木，应受到处罚。

分析：本案的争议焦点集中在三个方面：

1) 被告林业局是否有权对供电局的行为作出处罚？

2) 被告将原告行为定性为滥伐林木，并适用《森林法》第三十九条规定对原告进行处罚是否正确？

3) 被告林业局对林木损失是否有权要求原告供电局进行赔偿？

在审理过程中，审判人员对以上争议焦点出现了三种意见。

第一种意见：被告无权对原告行为进行处罚，更无权要求其赔偿。根据电力法的有关规定，原告有权对线路进行维护并对影响线路的马尾松进行砍伐。原告砍伐林木的目的不是为了营利，也不是无端毁林，只是依职权进行线路维护。原告行为合法，是一种行政执法行为，故被告无权对原告行为作出行政处罚。且所砍林木系当地村民小组集体所有，砍倒的林木也被村民捡去，原告并没有据为己有，原告无须赔偿。对被告作出的处罚决定应予以撤销。

第二种意见：被告有权对原告违法行为进行行政处罚。根据森林法，采伐林木必须申请采伐许可证，原告未经申请私自砍伐林木，其行为属于滥伐森林。森林法赋予了被告法定职权，被告可以依法对原告处以罚款并要求原告对所砍林木进行赔偿。

第三种意见：被告作为主管林业的行政机关，有权依照有关法律、法规对原告的违法行为进行处罚。原告未经申请砍伐林木，其行为违反了我国森林法的相关规定，但原告行为不属于滥伐森林。因原告行为与滥伐林木的构成要件不符。被告不应以滥伐林木对原告实施处罚。另外，因本案所涉林木所有权不是国有，而是集体所有，被告无权要求原告进行林木赔偿，应由村民小组主张权利。被告在行政处罚决定中直接处理民事法律关系，要求原告林木赔偿，超越了自己的法定职权，依法应予撤销。

审理结果：

1)《森林法》和《电力法》在法律效力上处于同一位阶。被告对原告的行为是有权作出行政处罚的（没有采伐证）。

2) 原告行为不属于滥伐林木。滥伐林木是指本单位人员对其所有或者经营的森林、林木以及公民本人对自留山上的森林或者其他林木进行任意采伐的行为。而本案中原告砍伐的是村民小组集体所有的林木，不是自己所有或经营的林木，与滥伐林木的构成要件不符。

原告砍伐林木的行为并不属于任意砍伐。其主观目的既不是要毁坏、破坏林木或为了牟取利益，也不是由于过失导致林木的减少，而是为了维护线路安全对林木进行的砍伐，其行为是必要的。

3) 被告无权在行政处罚中要求原告进行林木赔偿。被告作出的行政处罚第 2) 项中要求原告进行林木赔偿是没有依据的，因原告砍伐的林木属该地村民小组集体所有，如果要求赔偿只能由当地的村民小组来主张权利。村民小组与电力公司之间的林木赔偿问题属于平等主体间的财产关系，应受民法调整。而被告在行政处罚中直接处理民事法律关系，显然不当。

7.7 双方均无山林确权证书或证明的案件如何确权？

案情：曾某与廖某系同一村民小组的村民，双方都认为自己对坐落于虎岗村的山林拥有使用权并多次发生纠纷。乡政府于 2007 年 7 月作出处理决定，认为讼争山林使用权归廖某。曾某不服并向市政府申请行政复议，市政府维持了乡政府的处理决定。曾某再次不服，以乡政府为被告，以廖某为第三人，向市人民法院提起行政诉讼，要求撤销乡政府做出的处理决定，并确定讼争山林使用权归曾某所有。

分析：本案难点在于争议双方若都无山林权属证书或证明的情况下如何认定山林权属纠纷。

根据该省《山林权属争议调解处理办法》第三章第二十一条规定，"县内的山林权属争议，以林业'三定'确定的权属为依据。林业'三定'时期未确定权属的，参照农业合作化、四固定期间确定的权属处理；农业合作化、四固定时期也未确定权属的可参照土地改革时期确定的权属，凭当时人民政府颁发的土地证或其存根处理"。

经审理查明，虽然曾某和廖某一直对山林权属存在争议，都未在林业"三定"时期和农业合作化、四固定时期取得山林确权证书或证明，无法证明争议山林权属发生了转移，但第三人廖某却拥有了 1953 年土地房产所有权证。

因此，法院认为被告乡政府以第三人廖某持有的土地房产所有权证认定讼争山林使用权归廖某，认定事实清楚，证据充分，符合法定程序，适用法律法规正确，遂作出了维持判决。

7.8 砍伐自家林木，应该如何定罪？

案情：广西隆林县农民李某，在没有办理采伐许可证的情况下，便雇用民工将自家种植的25棵松木（活木材蓄积量为59.5立方米）砍伐后锯成模板出售。被群众举报后，李某被公安机关涉嫌滥伐林木罪逮捕。

分析：对此案如何定性，存在着不同认识。

第一种意见认为，李某不构成犯罪。理由有二：一是李某没有犯罪的故意，他砍伐自家种植的树木制板出售，只是想换钱作以家用，主观上非为滥伐林木，没有主观恶意。二是25棵松木是自家种植的，属于个人所有并非国家、集体所有，个人就可以自由使用不受干涉。

第二种意见认为，李某的行为构成犯罪。理由是：李某未经林业主管部门批准，未取得采伐许可证，即擅自雇人砍伐自家25棵松木，活木材蓄积量已达59.5立方米，侵害了国家林业资源保护管理制度，按规定已达到数量较大的幅度，依法构成滥伐林木罪。

审理结果：滥伐林木罪是指违反森林法及其他保护森林法规，未经林业主管部门批准并核发采伐许可证，或者虽持有采伐许可证，但违背采伐证所规定的地点、数量、树种、方式，任意采伐本单位所有或者管理的，以及本人自留山上的或者其他林木，数量较大的行为。因此，李某违反了国家森林法，滥伐林木且数量巨大，他虽然没有主观恶意，但其行为已触犯了刑律，构成滥伐林木罪，应给以定罪量刑。

7.9 擅自砍伐自己承包的集体林木也犯法？

案情：被告人李山娃承包了本组集体林木，承包期限为10年。在承包未到期期间，李山娃为了种袋料香菇，在没有树木原料的前提下，想到了自己承包的责任山上有用不完的林木，便动员自己的亲戚4人，让其到自己承包的山坡上砍伐树木。并约定每砍一斤付0.03元的工钱，当被告人李山娃亲自带路，并指出边界让自己的亲戚砍伐。

共采伐10天左右，砍伐树共23000斤，合材积11.5立方米，折合活立木蓄积20.7立方米，经林业派出所现场勘察，其砍伐面积达50亩左右，而被告人则付给工钱600余元。案发后，被告人退赔相应价款1725元。经林业部门证明，李山娃没有办理采伐计划。

审理结果：法院开庭审理后认为，被告人李山娃以非法占有为目的，无视国家森林法规，在未办理树木采伐许可证的情况下，而擅自砍伐自己承包经营管理的集体森林，且数量巨大，其行为已构成盗伐林木罪。

7.10 私自移植天然红豆杉是否构成犯罪？

案情：福建省光泽县某中药材公司职工余某自筹资金经营中药材种植。2000 年 6 月，余某承包一片集体山场植树造林，在劈草炼山过程中，发现承包造林的山场零星生长着国家一级保护植物——南方红豆杉幼苗（5cm 以下）。于是，余某将红豆杉幼苗偷偷移植到自己的中药材基地进行培育，以便今后出售牟利。因举报，余某被光泽县公安机关抓获。

分析：对余某的行为是否构成犯罪或者应构成何罪，各方意见不一，主要存在四种意见。

第一种意见认为，余某的行为不构成犯罪。余某是自己发现承包山场有天然南方红豆杉，为避免国家保护植物不受炼油更新而毁坏，才移植到自己的中药材基地种植的，主观上并没有犯罪的故意，客观方面未造成对保护植物的侵害。而且我国刑法及相关司法解释也没有规定移植行为是犯罪，根据"法无明文规定不为罪，法无明文规定不处罚"的原则，余某的行为不构成犯罪，不应追究刑事责任。

第二种意见认为，余某的行为应构成盗窃罪。犯罪嫌疑人余某以非法占有为目的，采取秘密手段，获取集体所有山林场上的红豆杉，根据《最高人民法院关于审理破坏森林资源刑事案件具体应用法律若干问题的解释》之规定："非法实施采种、采脂、挖笋、掘根、剥树皮等行为，牟取经济利益数额较大的，依照《刑法》第二百六十四条的规定，以盗窃罪定罪处罚。"余某的行为实际上是这种行为，因此，应对余某所移植的红豆杉进行估价，如果达到盗窃罪的追诉标准，则以盗窃罪追究余某刑事责任。

第三种意见认为，余某的行为应构成故意毁坏公私财物罪。余某主观上明知自己移植红豆杉的行为会毁坏林木的生长，却放任这一结果的发生，客观上实施移植的手段，并造成 5 棵红豆杉死亡的结果。应按故意毁坏公私财物罪追究刑事责任。

第四种意见认为，余某的行为应构成非法采伐国家重点保护植物罪。其理由：余某以非法占有为目的，在未依经办移植手续情况下，擅自将国有的国家一级保护珍贵树木红豆杉移植到其个人使用的土地上种植，实质上已完成非法采伐的行为，且情节特别严重。因此，余某应按非法采伐国家重点保护植物罪追究刑事责任。

审理结果：同意第四种意见。理由是：非法采伐、毁坏国家重点保护植物罪，是指违反森林法的规定，非法采伐、毁坏国家重点保护植物的行为。本罪的主要特征是，主观方面为故意，即明知是国家重点保护的植物；客观方面表现为违反森林法的规定，实施了非法采伐国家重点保护植物的行为。

7.11 在封山林内放牛时伤害护林员案

案情：被告人向贤武多次到本村山林（全封林）内放牛，被护林员张光海现场抓获，因此对张怀恨在心。向贤武身带匕首，又将牛放进封山林内践踏幼树，再次被张光海现场抓获。鉴于向贤武多次违反护林规章，屡教不改，这一次张光海便要照章罚款。向贤武说："我的牛又不吃树，罚款我不交。"张便要把牛扣住，令向交罚款取牛，由此发生争吵。争吵中，张要向跪下，向不从，张就用马鞭把向的手抽打两下，向跑开时，张随后追赶。在追赶过程中，向贤武抽出匕首转身朝张光海的左胸刺去，张被刺中后倒地，后经法医鉴定系重伤。向贤武逃离现场，将匕首扔进河里。经查明，向贤武有癫痫病史并经常发作，但作案时没有发病的表现，在看守所关押期间癫痫病发作过两次。

分析：本案在审理过程中，在认定事实上没有异议，但对被告人伤害护林员的行为是否应当负刑事责任，有两种不同意见。

第一种意见认为，向贤武患有癫痫病并且经常发作，依照法律规定不应负刑事责任。

第二种意见认为，向贤武虽然患有癫痫病，但他在伤害护林员时精神是正常的，依法应当负刑事责任。

《刑法》第十五条规定："精神病人在不能辨认或者不能控制自己行为的时候造成危害结果的，不负刑事责任""间歇性的精神病人在精神正常的时候犯罪，应当负刑事责任"。根据这一规定，只有当某人同时具备以下两个条件的时候，才对自己的行为不负刑事责任：①行为人实施危害行为时，确实处于精神病发作的状态之中；②由于精神病的发作，行为人确实丧失了辨认或者控制自己行为的能力。

本案被告人向贤武虽然患有癫痫病，并且经常发作，但在他伤害护林员张光海时其癫痫病并未发作。从他同护林员的对话"我的牛又不吃树，不交罚款"以及逃跑等情节看，都表明他的言谈举止正常。再从他事前身带匕首，对护林员实施伤害以及刺伤护林员后逃离现场并将凶器丢入河中等全部事实来看，也都表明他是具有能够理解、辨认和控制自己行为能力的。虽然向贤武在作案之前就有癫痫病的病史，作案后关押在看守所时有癫痫病发作的事实，但这并不能说明他在作案当时就处于癫痫病发作状态，丧失了辨认或者控制自己行为的能力。

7.12 此案被告是否构成违法发放林木采伐许可证罪？

案情：2001年1月至6月，某县林业委员会资源站站长孙某按照省林业厅2000年有关文件给一采育场预批林木采伐许可证。同年6月12日，该县林委收到《省政府批转省林业厅关于"十五"期间年森林采伐限额意见的通知》后，孙某即停止给采育场审批林木采伐许可证。省政府文件中规定采育场年采伐限额为2.35万立方米，其中采伐类型为主伐7200立方米，抚育采伐6700立方米，更新采伐5700立方米，其他采伐3900立方米。

同年7月24日收到《省林业厅关于下达2001年度木材生产计划的通知》，孙某根据省林业厅给本县下达的年采伐限额27.46万立方米的指标，开始起草《县政府关于下达2001年度木材生产计划的通知》，该文附表（二）有关采育场的采伐指标由林委生产科进行分解。孙某拟好稿后，由相关领导会稿、核稿并签发，于同年 8 月 2 日正式行文。县政府文件中规定给采育场的年采伐限额为 1.777 万立方米，其中主伐 1.347 万立方米，抚育采伐 4300 立方米。

孙某从 2001 年 8 月 15 日开始按县政府文件规定给采育场审批林木采伐许可证至 2001 年 9 月 6 日止，共给采育场发放 1.0651 万立方米主伐指标，超过限额（省限额）3451 立方米（10651-7200），同年 9 月被市林业委员会发现后及时收回 4 份采伐许可证计 1710 立方米，实际造成采育场主伐超限额 1741 立方米，其中孙某发放采伐证计 1416 立方米。2002 年 7 月初，县检察院在林业整治中发现孙某有违法嫌疑，于 2002 年 7 月 25 日批准立案侦查，并提起公诉。

分析：第一种意见认为，孙某的行为构成违法发放林木采伐许可证罪。其理由如下：

1) 孙某是林业资源站的站长，符合本罪特殊主体要求，省政府和省林业厅的文件是在县政府文件形成之前下达的，所以起草人孙某起草该文时是明知道省政府文件精神的，而其不按照省政府文件起草文件，且超额发放了 1000 多立方米的许可证，数额巨大，情节严重。

2) 主伐、抚育伐、卫生伐等是截然不同的采伐类型，划分的根本原因是为了促进森林的合理分布和消长。省政府和省林业厅的文件中也规定了严禁挤占、挪用抚育采伐限额用于主伐，抚育采伐可根据需要适度从宽，抚育采伐限额不足时，可以占用主伐限额，同时也提出对商品林特别是人工林采伐，则可在坚持限额采伐制度的前提下适度从宽，即严禁挪用采伐强度小的指标用于强度大的指标，但反之可以调整。如果对片面理解是年采伐限额总量，不包括各分项限额的控制，起不到保护资源的目的。

第二种意见认为，孙某的行为没有构成违法发放林木采伐许可证罪。

1) 孙某的行为主观上不存在故意。孙某于 2001 年 6 月 12 日收到省政府文件后，并未发放采伐许可证，到 2001 年 7 月 24 日收到省林业厅文件后，孙某根据省林业厅文件规定的 2001 年度木材生产计划，草拟了本县 2001 年度木材生产计划，其生产采伐量的控制未超过省林业厅文件规定的生产采伐量。孙某作为县一级林业主管部门的科室负责人，依法按照上级林业主管部门即省林业厅的文件草拟本县年度生产计划是正确的，而省政府上述文件只是本省十五期间的年采伐限额的规定。

2) 孙某发放许可证，未超过批准的年采伐限额，县政府 2001 年批准采育场年度商品材木材生产计划采伐量为 1.77 立方米，没有超过省林业厅文件规定的计划采伐量。2001 年度木材生产计划，也没有超过省政府十五期间年森林采伐限额的规定，该文件规定采育场采伐限额 2.35 万立方米。孙某在发证中，只是超过省政府文件中规定的采伐限额中的一个分项指标，即主伐类型超过 1416 立方米，并未超过年采伐限额。

3) 《森林法》、该省《森林法实施办法》、该省《森林采伐限额管理暂行办法》等法律、法规都明确规定年采伐限额应是总量控制，而不包括分项控制，即年采伐限额不等于主伐类型限额。

审理结果：孙某的行为没有构成违法发放林木采伐许可证罪。理由有以下二点：

1) 国务院及省政府相关文件中虽然有规定"严禁挤占、挪用抚育间伐指标，严禁使用人工林采伐限额采伐天然林；严禁将抚育间伐指标挪到主伐指标上"，但这些文件都未对挪用其他指标到主伐指标上作出禁止性规定。而孙某恰恰是挪用其他指标到主伐指标上。对年采伐限额的控制是否包括分项指标的控制，在目前尚未有相关司法解释出台之前，应本着有利于被告人的角度去认识。

2) 孙某依据县政府文件规定对采育场发放采伐证，其并没有渎职。县政府文件是依据上级林业部门文件拟定，经层层审核出台的，孙某根据文件发放采伐证是职责行为，其根据该文发放采伐证在年采伐限额上没有突破，也没有突破县政府文件规定的主伐指标。

第 8 章　主要适用法律文件

第8章　主要适用法律文件

以下是与林业相关的法律法规，有的是林业方面立法，有的含有林业方面的条款，遇到问题时可参考。

8.1 相关林业法律

《中华人民共和国宪法》

《中华人民共和国行政诉讼法》

《中华人民共和国民法通则》

《中华人民共和国物权法》

《中华人民共和国刑法》

《中华人民共和国行政处罚法》

《中华人民共和国行政复议法》

《中华人民共和国合同法》

《中华人民共和国担保法》

《中华人民共和国森林法》

《中华人民共和国种子法》

《中华人民共和国农村土地承包法》

《中华人民共和国农民专业合作社法》

《中华人民共和国土地管理法》

《中华人民共和国野生动物保护法》

《中华人民共和国村民委员会组织法》

《中华人民共和国农村土地承包经营纠纷调解仲裁法》

8.2 相关法规

《中华人民共和国森林法实施条例》

《中华人民共和国野生植物保护条例》

《中华人民共和国陆生野生动物保护实施条例》

《中华人民共和国植物新品种保护条例》

《中华人民共和国自然保护区条例》

《中华人民共和国土地管理法实施条例》

《中华人民共和国风景名胜区条例》

《森林防火条例》

《森林病虫害防治条例》

《植物检疫条例》

《森林和野生动物类型自然保护区管理办法》

《育林基金征收使用管理办法》

《国家级公益林区划界定办法》

《森林资源资产抵押登记办法》

《林木林地权属争议处理办法》

《林业行政处罚程序规定》

《中央森林生态效益补偿基金管理办法》

《森林采伐更新管理办法》

《林木林地权属争议处理办法》

《林木和林地权属登记管理办法》

《占用征用林地审核审批管理办法》

《林业贷款中央财政贴息资金管理办法》

《集体林权制度改革档案管理办法》

《国务院关于开展全民义务植树运动的实施办法》

《森林资源资产评估管理暂行规定》

《林业部、公安部关于陆生野生动物刑事案件的管辖及其立案标准的规定》

《第五届全国人民代表大会第四次会议关于开展全民义务植树运动的决议》

《国家林业局关于授权森林公安机关代行行政处罚权的决定》

《农村土地承包经营纠纷仲裁规则》

《农村土地承包仲裁委员会示范章程》

《最高人民法院、最高人民检察院印发〈关于办理盗伐、滥伐林木案件应用法律的几个问题的解释〉的通知》

《最高人民法院〈关于审理涉及农村土地承包纠纷案件适用法律问题〉的解释》

《最高人民法院，最高人民检察院〈关于盗伐、滥伐林木案件几个问题〉的解答》

《国务院法制局对〈关于解释中华人民共和国陆生野生动物保护实施条例第三十七条授权性质的请示〉的复函》

8.3 须知名录

《中国主要农作物有害生物名录》

《国家重点保护野生植物名录（第一批）》

《国家重点保护野生动物名录（第二批讨论稿）》

《国家保护的有益的或者有重要经济、科学研究价值的陆生野生动物名录》

《中华人民共和国林业植物新品种保护名录（第一批）》

《中华人民共和国植物新品种保护名录（林业部分第二批）》

《中国林业企业名录》

主要参考文献

[1] 百度文库.林业法律体制[DB/OL].2013-5-22. http://wenku.baidu.com/view/ 4b4c6667011ca300a6c39088.html.

[2] 百度文库.农民工权益保护专题[DB/OL].2011-4-13. http://wenku.baidu.com/ link?url=PuDNWO3B808maqSkDtM7-dkEGjc3H5mNOiogk3_LkLzksbMPB- q8xAqROk7IywsT0gQgva_twG6C-_CZoyMWFEO34cex2tamtH-YV0bt_Eu.

[3] 曹务坤. 林权法律问题研究[M]. 北京: 中国社会科学出版社,2012.

[4] 陈国庆, 常艳. 农民法律维权实用手册［M］. 2版. 北京: 中国人民公安大学出版社, 2008.

[5] 国家林业局集体林权制度改革领导小组办公室, 国家林业局农村林业改革发展司. 集体林权制度改革重要文件和政策法规汇编［M］. 北京: 中国林业出版社, 2010.

[6] 国家林业局政策法规司. 林业法律法规规章汇编［M］.北京: 法律出版社, 2008.

[7] 黄从德. 林业法学[DB/OL].2013.[2014-11-17].http://wenku.baidu.com/view/ 9d64c828be1e650e52ea99ca.html.

[8] 孔凡斌. 中国社会林业政策法律体系研究［M］.北京: 中国林业出版社, 2004.

[9] 冷清皮. 江西省集体林权制度改革及配套服务体系建设研究［M］.北京: 气象出版社, 2009.

[10] 李大伟. 林权纠纷法律指导［M］.北京: 中国法制出版社, 2008.

[11] 李孔军. 农村土地承包及林权纠纷实例说法——法律进农村系列［M］.北京: 中国法制 出版社, 2009.

[12] 罗殿龙. 农村集体林权纠纷及法律适用［M］. 北京: 法律出版社, 2012.

[13] 王跃光, 王元恒. 林业法律知识手册［M］. 哈尔滨: 东北林业大学出版社, 1986。

[14] 文锦, 昭兵, 等. 农村实用政策法规手册[M].北京: 中国纺织出版社, 2004.

[15] 张蕾, 王宏祥. 中国林业法律实用手册［M］.北京 :中国林业出版社, 2000.

[16] 张力. 林业政策与法规［M］.北京: 中国林业出版社, 2003.

[17] 中国法制出版社. 新编村民实用法律手册［M］.北京: 中国法制出版社, 2008.